BUDA GUERREIRO

Artes Marciais, Budismo, Ataque e Defesa

Jeff Eisenberg

BUDA GUERREIRO

Artes Marciais, Budismo, Ataque e Defesa

Tradução:
Soraya Borges de Freitas

Publicado originalmente em inglês sob o título *Fighting Buddha: Martial Arts, Buddhism, Kicking Ass and Saving It*, por Findhorn Press.
© 2017, Findhorn Press.
Direitos de edição e tradução para o Brasil.
Tradução autorizada do inglês.
© 2018, Madras Editora Ltda.

Editor:
Wagner Veneziani Costa

Produção e Capa:
Equipe Técnica Madras

Tradução:
Soraya Borges de Freitas

Revisão da Tradução:
Jefferson Rosado

Foto do autor:
Alix Petricek

Ilustrações internas:
Damian Keenan

Revisão:
Ana Paula Lucisano
Jerônimo Feitosa

Dados Internacionais de Catalogação na Publicação (CIP)
(Câmara Brasileira do Livro, SP, Brasil)

Eisenberg, Jeff
Buda guerreiro: artes marciais, budismo, ataque e defesa/Jeff Eisenberg; tradução Soraya Borges de Freitas. – São Paulo: Madras, 2018.
Título original: Fighting Buddha: martial arts, buddhism, kicking ass and saving it.
ISBN 978-85-370-1153-9

1. Artes marciais 2. Ataque e defesa
3. Autoconhecimento 4. Espiritualidade 5. Luta corporal oriental I. Título.

18-18714   CDD-796.8

Índices para catálogo sistemático:
1. Artes marciais: Esportes 796.8
Maria Alice Ferreira – Bibliotecária – CRB-8/7964

É proibida a reprodução total ou parcial desta obra, de qualquer forma ou por qualquer meio eletrônico, mecânico, inclusive por meio de processos xerográficos, incluindo ainda o uso da internet, sem a permissão expressa da Madras Editora, na pessoa de seu editor (Lei nº 9.610, de 19/2/1998).

Todos os direitos desta edição, em língua portuguesa, reservados pela

MADRAS EDITORA LTDA.
Rua Paulo Gonçalves, 88 – Santana
CEP: 02403-020 – São Paulo/SP
Caixa Postal: 12183 – CEP: 02013-970
Tel.: (11) 2281-5555 – Fax: (11) 2959-3090
www.madras.com.br

Índice

Prefácio 7

Prólogo 11

Introdução 15

1 – O Gordinho Engraçadinho 17

2 – Não Causar Dano: a Não Violência da Violência 33

3 – Você Está Preparado para Ser um Buda? 41

4 – Já pro Tatame! 47

5 – Atrapalhar Meu Estilo 53

6 – O Lado Bom do Mau Treinamento: Como Encontrar
o Professor Certo 63

7 – Bons Professores Indo Mal 77

8 – Entregando os Pontos 87

9 – Pare de Culpar o Professor Já! 91

10 – Belicismo: A Disciplina da Disciplina 99

11 – Não Há Nada de Rotineiro nos Rituais 103

12 – O Caminho do Meio é uma Droga,
Mas Não é Tão Ruim Quanto os Fins 119

13 – Iluminação da Faixa Preta 141

Posfácio: Não Acredite em Nada Disso! 157

Observações: o Estilo do Buda Guerreiro 161

Lista de Leituras Sugeridas 163

Agradecimentos 167

Prefácio

Assim como o autor, uma de minhas primeiras memórias da infância é do ritual de domingo de assistir aos filmes de kung fu com meu pai. Eu variava entre prestar muita atenção ao filme e ficar pulando na sala de estar, imitando os movimentos dos atores na televisão. Os gemidos e sons dos super-heróis míticos das artes marciais cativavam meus sentidos, enquanto agradavam ao meu gosto pelo fantástico.

Como meu pai ensinava artes marciais, eu sabia que no dojô era uma história diferente. Os filmes eram falsos na melhor das hipóteses, blasfemos na pior, e meu pai sempre deixou isso bem claro. Ele costumava zombar do desempenho dos atores, dos movimentos corporais exagerados e dos chutes elevadíssimos. Ele me dizia: "Shawn, não preciso chutar acima do seu joelho para imobilizá-lo completamente. Posso simplesmente quebrar seu joelho". Sua abordagem era minimalista, acompanhada de reflexões da Filosofia Oriental.

Aprendi que as artes marciais são uma jornada vitalícia de autoconhecimento e para compreendermos melhor o mundo ao nosso redor. Com essa filosofia, também aprendi as ferramentas da autodefesa. O treinamento no dojô ocupava muito do meu tempo durante minha infância. Era algo de que eu gostava, ainda que às vezes o *sparring* completo fosse brutal. Eu ainda não tinha desenvolvido uma tolerância à dor, o que me causava medo e um desejo de evitar as paredes do dojô.

Descobri o *skate* mais ou menos na mesma época, o que só ajudou a acelerar a diminuição do meu interesse pelas artes marciais. Não muito depois de ser levado a uma piscina vazia e abandonada por meu primo mais velho, onde nós andávamos de *skate*, me vi contando ao meu pai que não queria mais treinar no dojô. Queria focar no *skate*. Meu pai ficou chateado e, por eu mesmo ser pai agora, consigo entender essa dor. Mas era hora de eu sair da sombra dele e seguir meu próprio caminho.

Logo depois de me dedicar totalmente ao *skate*, também comecei a surfar. Eu gostava das duas coisas, pois elas exigiam meu foco total e ajudavam a desanuviar minha mente cada vez mais turbulenta, mas surfar tocava em elementos mais profundos dentro de mim, criando um elo íntimo com o oceano e a natureza.

Na ocasião, não entendia que a alegria que eu tinha com essas atividades aparentemente frívolas vinha como um resultado de estar totalmente presente no momento. A mesma presença exigida de mim no treino de combate – a mesma da qual fugi – eu me vi vivenciando agora em situações críticas nas manobras nas paredes da piscina ou na crista de uma onda. Enquanto estava imerso nesses momentos cruciais, encontrava minha paz e minha alegria.

"Presença", "momento presente" e "atenção plena" são palavras que ouvimos muito agora em nosso léxico cultural no Ocidente. Mas nós podemos vivenciar esses estados de ser de diferentes formas. No caso de um artista marcial, pode encontrar no meio de um momento acalorado de briga; para o surfista, isso pode vir como um resultado de pegar uma onda grande que ficará suavemente na vertical sobre o banco de areia raso embaixo da superfície da água. Em cada caso, a situação exige clareza mental e foco supremo.

Minha amizade com Jeff Eisenberg nasceu em meio a sucos orgânicos frescos e discussões sobre estar presente em situações de extrema importância. Eu administrava uma pequena cafeteria e casa de sucos vegana no centro de Asbury Park, Nova Jérsei, que Jeff e sua esposa frequentavam. A cafeteria ficava junto a um estúdio de ioga e eu dava aulas de surfe em grupo para todos os iogues da cidade.

Em uma manhã de verão, levei Jeff e sua esposa para surfar, perto de um dos vários píeres que adentram o oceano da praia. Às vezes, dependendo do aluno, aulas de surfe podem virar uma discussão sobre filosofia e apreciar o contato com a natureza. A primeira parte da aula foi assim, até a maré baixar o suficiente para as ondas quebrarem a uma distância segura da beira do mar. Então, após algumas tentativas de pegar uma onda, Jeff subiu momentaneamente na prancha e se viu experimentando aquela mesma presença que sentia praticando artes marciais.

Em seguida, nós falamos sobre como não pode haver mais nada nesses momentos muito exigentes, pois um estado mental calmo e ininterrupto é um requisito para o sucesso. Gostei da conversa, pois me imaginava um aluno da filosofia das artes marciais e me vi aplicando-a ao meu surfe.

Enquanto nossa discussão continuava, Jeff expressou a opinião de que filosofia e prática são quase inúteis, se nunca forem aplicadas em uma situação real. Para mim, isso pode significar me lançar em uma onda ferozmente grande, e no caso do Jeff pode se manifestar como uma luta no tatame ou na rua. Em cada uma dessas situações, rotina e mecânica são deixadas de lado enquanto se recorre à espontaneidade e ao fluxo intuitivo. O conhecimento deve se tornar sabedoria pela ação. Isso vale no tatame, na rua, nas nossas cabeças e no meio das ondas.

Por ter se dedicado por décadas às artes marciais e à prática budista, Jeff Eisenberg ganhou o conhecimento empírico dos sucessos e das quedas nos dois caminhos. Como ele explica neste livro, devemos estar presentes no aqui e agora, abertos para o momento eterno, por meio de nosso caminho de escolha, mesmo diante de situações caóticas, e este é o espírito do Buda Guerreiro. Leia e participe dessa humilde oferenda do espírito.

Paz e bênçãos,
Shawn Zappo
Professor de meditação, instrutor de surfe, pai e escritor
www.surfandabide.com
Janeiro de 2017

Prólogo

Buda Guerreiro é uma autobiografia que detalha minha jornada de mais de 40 anos nas artes marciais e no treinamento em meditação, e de 25 anos de prática budista. Usando narrativas autobiográficas, com as estratégias de combate de artes marciais, contos budistas e ensinamentos de koans e sutras, o livro explora os benefícios e as desvantagens de cada prática, além de como elas podem se complementar como uma prática singular.

Minha intenção ao escrever este livro foi a de fornecer aos budistas estratégias de combate em artes marciais que apoiem uma aplicação realista dos ensinamentos de Buda; mostrar aos artistas marciais como eles podem usar conceitos budistas no desenvolvimento da disciplina mental necessária para a aplicação da técnica; e enunciar a praticantes das duas disciplinas o que buscar e o que evitar nas duas práticas, usando exemplos retirados de minhas próprias experiências.

Isso não quer dizer que estou propondo que meu modo é o único ou o melhor, nem é minha intenção colocar qualquer prática budista ou arte marcial sob uma luz negativa. Pelo contrário, meu objetivo foi o de apresentar um panorama verídico, embora às vezes crítico, do Budismo e das artes marciais, pois eles pertencem à evolução da minha própria prática budista e do meu treinamento em artes marciais. Espero ajudar outros praticantes com objetivos semelhantes a evitar os erros que cometi e não perder o tempo que perdi.

A premissa geral deste livro é que as técnicas em artes marciais feitas no ambiente controlado do dojô e as experiências meditativas que dependem do ambiente do zendô para sua eficácia só terão um uso adequado se treinadas, praticadas e testadas em circunstâncias reais. Para o artista marcial, isso provoca o questionamento se o treinamento tradicional no dojô pode realmente ser utilizado em uma situação real, e, no caso do budista, se os rituais, o estudo acadêmico e a experiência meditativa do zendô podem se traduzir em uma ação habilidosa fora dele.

Essas questões não são semânticas ou hiperbólicas. Elas são o resultado de minhas experiências como salva-vidas e diretor de resposta à crise no pronto-socorro e na ala psiquiátrica de um grande hospital, onde, nos dois exemplos, logo cheguei à triste conclusão de que muito do que aprendi e achava aplicável, depois de muitos anos de treinamento em artes marciais, não o era. Da mesma forma, tive uma experiência semelhante quando descobri que muito daquilo em que focava em meus estudos budistas tinha pouca relação com o que eu realmente estava vivendo. Nos dois exemplos, isso não se devia a uma falta de empenho, mas a um material inadequado que prejudicava meu esforço.

Essas questões são tema deste livro, no qual abordo as lutas do início do treinamento em artes marciais e da prática budista, a importância de identificar objetivos e escolher um professor e um treinamento para atingi-los e, mais importante, como determinar se o treinamento pode ser assimilado em uma aplicação na vida real.

Outros livros sobre artes marciais e prática espiritual foram escritos, mas o que torna meu livro completamente diferente é que os demais focam apenas no aspecto da "arte" ou prática e não no uso "marcial" ou realista das artes marciais. Uma crença comum sobre as artes marciais, que se tornou sinônimo com a prática espiritual, é que apenas os estilos mais "suaves", aqueles treinados devagar com a ordem de que nunca sejam usados, podem ser considerados uma prática meditativa, enquanto estilos mais "pesados", que enfatizam a luta, não só não favorecem a prática, como também não passam de uma violência insensata.

Eu abordo essas suposições das seguintes formas: discutindo a diferença entre violência e o uso das artes marciais em relação ao ensinamento de Buda de "não causar mal"; explorando o equívoco comum de que momentos meditativos são exclusivos a apenas atividades selecionadas; e explicando por que o verdadeiro teste de habilidade para um artista marcial e o da aplicação da atenção plena do budista ocorrem durante uma situação menos propícia para isso.

Com base nessa discussão, descrevo então como eu mesmo aplico os ensinamentos budistas no meu cotidiano. Concluo o livro oferecendo definições de iluminação e da faixa preta, e corrigindo ideias erradas sobre elas, isto é, que elas não são os resultados finais da prática, mas o início.

Por ser um livro sobre meu olhar moderno a respeito da prática de ensinamentos antigos, estou ciente de que meu tom e estilo de escrita às vezes não combinarão com a percepção comum de como soaria para um "budista" ou um "mestre em artes marciais". Mas não ser verdadeiro comigo mesmo na forma como escrevo contradiria a mensagem central deste livro. Às vezes irreverência e rebelião são necessárias para afiar a espada e cortar a ilusão. Espero que meu uso de humor e autodepreciação tempere essa lâmina o bastante para mostrar que eu a desembainho motivado apenas pela compaixão, em uma tentativa de "salvar todos os seres".

Em suma, gostaria de lembrar ao leitor que, em seu tempo, Buda era o progressivo mais radical e antissistema que o mundo já tinha visto. Minha intenção ao escrever este livro é que, de alguma forma, eu mantenha seu espírito vivo!

Jeff Eisenberg

Jersey Shore, Nova Jérsei

Janeiro de 2017

Introdução

Não é um mundo perfeito...
E não, não é um mundo perfeito.

Certa vez, eu estava ensinando autodefesa para uma turma de crianças de 10 anos e mostrava como é importante para o aluno de artes marciais entender que o treinamento não passa de uma preparação para a realidade, não é a realidade em si. Meu ponto de vista era que as situações praticadas no dojô nunca serão repetidas na rua. Então demonstrei uma técnica e disse: "Lembrem-se, vai ser assim em um mundo perfeito, mas, na realidade, nós devemos estar preparados para fazer isso de muitas formas diferentes, pois o mundo não é perfeito".

Quando comecei a demonstrar uma aplicação alternativa de uma técnica, meu jovem aluno Henry levantou o braço: "Senhor", ele disse, com a seriedade e a convicção inabalável que eram sua marca registrada: "na realidade, em um mundo perfeito, nós não *precisaríamos* nos proteger".

Ele estava certo. Em um mundo perfeito não haveria necessidade de treinamento, não precisaríamos nos proteger, não precisaríamos praticar o darma, nem nos liberarmos. Entretanto, o mundo não é perfeito, e aqui está a raiz de nosso sofrimento. Lutamos porque somos atraídos ao treinamento de artes marciais e à prática budista pensando que podemos criar nosso mundo perfeito. Nós achamos erroneamente que o resultado do nosso trabalho será a eliminação das experiências que nos causam dor e sofrimento, em vez de entender que a prática e o treinamento nos ensinam a desenvolver novas habilidades e estratégias para quando nós *tivermos* experiências dolorosas.

Os alunos de artes marciais acham que atingirão um alto nível especial de treinamento, tornando-se máquinas de combate invencíveis, e que estarão sempre seguros. Os novatos no Budismo acham que atingirão um alto nível especial de prática que lhes dará um estado de felicidade permanente. A verdade é que, na melhor das hipóteses, um artista marcial pode esperar conseguir avaliar e evacuar um ambiente de uma ameaça e, na pior, sobreviver a ele com a menor quantidade de ferimentos possível. Na melhor das hipóteses, um praticante de darma pode esperar responder a experiências dolorosas com um novo comportamento útil que seja livre de apego e, na pior, romper o apego e não transformar a dor em sofrimento.

A prática e o treinamento devem nos colocar na direção dessas realizações e nos fazer enfrentá-las e aceitá-las. Se nos afastarem dessas verdades, então estaremos perdendo nosso tempo com uma ilusão prejudicial. Sem soar como um mestre zen maluco, mas o mundo não é perfeito, no entanto, ele também é não.... *não* perfeito.

Nós devemos aceitar as coisas como são e lidar com elas! Sempre haverá um cara assustador escondido esperando acabar com você e a vida nunca, *nunca* será exatamente como achamos que ela deveria ser! Então devemos treinar como se todo dia *fosse* aquele em que ficaremos frente a frente com esse cara assustador escondido, e devemos praticar o darma diariamente como se tudo o que *puder* acontecer de errado *fosse acontecer*!

1

O Gordinho Engraçadinho

Eu não sou um deus; estou acordado.
Buda

Meu primeiro contato com Buda foi na infância. Ele estava em todos os lugares. Tinha estátuas na minha casa, no jardim, e minha mãe sempre parecia pintá-las em seus quadros, que ela pendurava na casa inteira. Até a maioria dos móveis tinha um estilo oriental.

Antes de você começar a formar a imagem de uma criancinha crescendo no lar budista de uma pintora *hippie* perto de Woodstock no belo Monte Catskill, ou em alguma comunidade no norte da Califórnia, devo dizer que a verdade é muito mais esquisita do que isso. A realidade é que cresci em Jérsei, do lado da cidade de Nova Iorque, e para completar, nós nem éramos budistas!

Na verdade, apesar de todas as imagens budistas ao redor, não me lembro de ter ouvido alguma coisa sobre Buda, nem falávamos nada sobre aquelas imagens. Sei que você provavelmente está dizendo para si mesmo: "Tá bom, eles não eram budistas, mas provavelmente gostavam de meditação". Errado! Medicação, sim; meditação, não!

Então decidi que todas as estátuas e quadros do gordinho engraçadinho eram apenas decorações estranhas e deixei por isso mesmo. Quando fiquei mais velho, percebi que esse gordinho engraçadinho era muito importante para muitas pessoas. Eu não sabia muito bem se ele era um deus para elas ou não e, embora sentisse uma ligação estranha com ele, tinha a sensação de que não era meu, o que por sua vez me deixou perguntando: quem era meu? Concluí que tinha de ser aquele outro gorducho, o que usava a roupa vermelha e nos trazia aqueles presentes todos os anos. Tinha de ser isso! Mesmo com essa determinação, eu ainda gostava mais do chinês gorducho pelado... só não sabia por quê.

Foi por volta dessa época que descobri a série de TV *Kung Fu*. Fiquei fascinado desde a primeira vez que a assisti. Completamente viciado! A ação das artes marciais, a imagem vibrante do exótico ambiente monástico, com seus belos templos e jardins, velas e incensos. O silêncio profundo e a tranquilidade que retratava. Eu nunca tinha me identificado tanto com alguma coisa antes na minha vida. Embora na ocasião não soubesse nada sobre religião oriental, cultura ou a vida monástica, tudo isso calou bem fundo dentro de mim. Havia algo intuitivamente confortável sobre tudo aquilo. Muitas pessoas contam que, durante sua primeira experiência em um zendô ou no dojô, elas são invadidas por uma sensação de "se sentir em casa", e é exatamente assim que me sentia sempre que via Buda, e especialmente quando eu o via tomar vida na série *Kung Fu*.

Embora eu adorasse a ação com as artes marciais no programa, também me sentia muito ligado às sequências de *flashback*, quando o jovem e confuso aluno, Caine, se aconselhava com o grande Mestre Po. Caine se sentava diante do Mestre Po buscando respostas para suas profundas questões filosóficas. O Mestre Po sempre respondia a ele com uma charada no estilo Koan que sempre confundia ainda mais o jovem Caine. A conversa sempre terminava com o Mestre Po gargalhando e com o Gafanhoto (o apelido que o Mestre Po deu ao jovem Caine) entendendo que a resposta à sua pergunta era que ele fazia a pergunta *errada*! Não importava o que fosse, Caine sempre parecia se sentir confortado só de estar na presença do mestre, o que me fazia desejar que eu também tivesse um lugar aonde ir, como Caine; isso me fez querer meu próprio Mestre Po! Talvez eu estivesse errado. Talvez aquele gordinho engraçadinho e pelado *fosse* meu deus, ou pelo menos deveria ser! De qualquer forma, eu ia encontrar meu Mestre Po!

Não sei se pedi para ir ou se meus pais viram meu interesse na série *Kung Fu* e resolveram me levar, mas um dia me vi entrando em uma escola de artes marciais. Isso não é uma coisa pequena, pois, no fim dos anos 1960, não havia uma escola em cada esquina, como existe agora. Enquanto todos os meus amigos jogavam *baseball* na liga infantil, minha mãe me levava por vários bairros até o pequeno dojô, no segundo andar, de um mestre de judô japonês que mal falava inglês.

Entrar naquele dojô foi incrível! Ele tinha decorações que me lembraram o monastério de Caine, e eu tinha de usar um traje, tipo o do Caine, muito legal e, claro, tinha meu próprio Mestre Po! Era tudo que eu queria ser – isso até o mestre começar a gritar conosco mais alto do que já ouvi alguém gritar e, para piorar, eu não conseguia entender o que ele berrava! Depois de levar repetidos tapas no tatame em um treinamento exaustivo, ficou claro que, se esse mestre tinha algumas respostas para me dar, ele iria enfiá-las em mim na base da porrada!

Quando fiquei mais velho e mais experiente nas artes marciais, fiquei cada vez menos interessado em encontrar um Mestre Po e mais em me tornar uma máquina de combate. A primeira coisa a estimular este desejo foi que descobri os filmes de kung fu no sábado à tarde. Fiquei hipnotizado de novo! Esses filmes fizeram as lutas da série de TV *Kung Fu* parecerem brincadeiras de criança. Esses caras eram incríveis! (Na verdade a maioria das imagens era ridícula – ótimos atletas fazendo uma arte marcial inútil exibicionista, cheia de ginástica, com muitos efeitos especiais misturados na cena, mas eu tinha só 10 anos, então dê um desconto!) Para um garoto, esses caras eram como super-heróis de revistas em quadrinhos sobrenaturais que vieram à vida, e eu queria ser exatamente como eles!

Isso até eu conhecer o Bruce Lee...

Bruce era o cara! Bruce fazia os atores dos filmes de *Kung Fu* das tardes de sábado parecerem ridículos! Enquanto eles estavam todos arrumados com sua maquiagem estilo kabuki e vestidos em pijamas de seda tipo quimono, fazendo coreografias de dança e ginástica que imitavam lutas, Bruce aparecia em cena exibindo um físico forte, todo rasgado e, naquele ponto, fazia as cenas de luta mais realistas já filmadas. Ele não só fazia acreditar que você estava assistindo a técnicas de luta reais, mas que, com trabalho duro, você também poderia aprendê-las.

Ver Bruce Lee foi outra experiência de "me sentir em casa" para mim. Foi o catalisador para uma compreensão intuitiva profunda que me enviou em uma jornada para longe das cenas teatrais fantasiosas dos filmes de kung fu, para um treinamento com base na veracidade, longe da ilusão, em busca da realidade das artes marciais.

Bruce tem o mérito de ter provocado sozinho uma explosão de artes marciais da noite para o dia. Ele estava anos-luz à frente do seu tempo com suas ideias sobre treinamento. Entendeu muito antes de qualquer outra pessoa que treinar em apenas um estilo de artes marciais limitava, e que um lutador completo precisava pegar o que funcionasse e acrescentar isso ao seu arsenal, independentemente de saber de qual estilo ele tenha vindo. Ele também compreendeu desde cedo a importância de um bom condicionamento físico e o papel que ele desempenhava na luta.

O evento que foi o catalisador para Bruce deixar o treinamento tradicional foi um desafio para uma luta. Dizem que, quando Bruce chegou aos Estados Unidos de Hong Kong e começou a dar aulas na área de San Francisco, ele enfureceu a comunidade chinesa de artes marciais por dar aulas para alunos não chineses. Um professor concorrente ficou tão bravo que desafiou Bruce para uma luta, e ele aceitou. Essa luta acabou sendo um momento fundamental no desenvolvimento de Bruce nas artes marciais.

De acordo com relatos de testemunhas, a "luta" acabou sendo nada mais do que uma dança ridícula, na qual os dois se revezavam perseguindo um ao outro pela sala, e terminou com nenhum deles iniciando um ataque bem-sucedido, nem dando um único golpe. Bruce atribuiu isso ao fato de que os dois tentaram aplicar seus exercícios de treinamento coreografados e robóticos tradicionais à situação. Ele percebeu que um treinamento irrealista não tinha utilidade em um ambiente real e que nenhum deles tinha uma experiência verdadeira para usar.

Depois desse incidente, Bruce mudou sua mentalidade e treinamento, distanciando-se da inclusão antiquada da visão tradicional "meu estilo é melhor" para um treinamento receptivo curioso que adotava técnicas de muitos estilos, incluindo o boxe do Ocidente e a esgrima europeia. Ele percebeu que o treinamento tinha de ser investigado constantemente, pois o que outrora foi considerado prático pode nunca ter sido, e o que se julgava prático ontem pode não ser mais hoje.

Nós vemos um exemplo de uma lição experiência *versus* tradição em uma das cenas de filmes mais famosas de Bruce. Ele observa educadamente um cara quebrar várias tábuas. Quando ele termina, vira-se para Bruce em uma pose agressiva, achando obviamente que intimidou nosso herói. Bruce apenas fala para o rapaz: "Tábuas... não reagem!" Ele então esmigalhou o cara.

Em um instante todos nós entendemos. Bruce tirou nossa admiração pelas cenas de ação extravagantes e a substituiu por uma compreensão da realidade. Quebrar tábuas não dá ao cara nenhuma experiência direta de usar suas habilidades em uma situação real; simplesmente dá a ele a experiência de quebrar tábuas, o que, como ele dolorosamente descobriu, não tinha nada a ver com luta.

Foi uma lição importante – bem óbvia, mas compreendida por poucos. A maioria dos alunos estava vidrada na aura sobrenatural e mística que cercava as artes marciais na época. Eles tinham a ilusão de que poderiam obter uma habilidade especial para realizar proezas sobrenaturais, e não entendiam que o treinamento de artes marciais envolve desenvolver um uso realista e prático de habilidades físicas com um trabalho repetitivo e incrivelmente árduo. (Devo destacar que aqueles que perpetuaram essa aura mística eram, na maioria, professores de artes marciais e professores do darma budista, mas falaremos mais sobre isso depois.)

A revelação de Bruce e o subsequente caminho de treinamento em que ela o colocou mudaram as artes marciais para sempre. Todos os artistas marciais têm um débito de gratidão por seus conceitos e teorias inovadores sobre o treinamento prático. Dito isso, Bruce ficou preso a esses conceitos e teorias, aperfeiçoando-os em um ambiente controlado, e nunca os testou em uma situação na vida real. Ele se tornou especialista no treinamento em si, mas não em seu emprego realista.

O Budismo aponta para esse problema dizendo: "Quando o barco chega a outra margem, saia dele e caminhe, pois não há mais necessidade de um barco". Infelizmente, Bruce ficou no barco e nunca pisou na outra margem. Ele revolucionou o treinamento, mas confundiu o treinamento, o veículo, *com* a outra margem.

Esse dilema ainda é visto em vários dojôs e zendôs. Muitos artistas marciais são mestres do tatame e vítimas da rua, às vezes de forma física, mas sempre mentalmente (falaremos mais sobre isso depois), e muitos meditadores, que são roshis na almofada de meditação, sofrem muitíssimo em suas vidas reais. Ambos são mestres de seus treinamentos, mas não de sua aplicação na vida real. Nem testaram sua perícia. É uma pena que Bruce também não tenha feito isso.

Outro incidente que provocou meu interesse durante a época de Bruce (ou seja, os antigos anos 1960 e 1970 para vocês, jovens) envolveu um artista marcial chamado Joe Lewis. Joe era um veterano de guerra grande e forte que conquistou a faixa preta no exterior, principalmente por reduzir todo mundo a pó. Ele voltou para os Estados Unidos e começou a lutar em torneios de caratê (que, pelo menos na época, não tinham equipamento de segurança, e os caras realmente batiam um no outro) tornando-se uma sensação no circuito, pois ele fazia picadinho de praticamente todo mundo com quem lutava. Na verdade, ele só perdeu por ter de mostrar limites e seguir regras específicas, em vez de ser pela habilidade do outro lutador. Joe sabia a diferença entre uma luta de torneio e uma real, e aqueles que o derrotaram no tatame sabiam que Joe acabaria com eles no beco.

Joe abalou o mundo das artes marciais quando declarou em uma entrevista que, embora ele e Bruce Lee fossem amigos e Joe respeitasse as inovações de treinamento de Bruce, ele não era um lutador real, pois nunca se pôs à prova e só demonstrava suas habilidades em condições de treinamento controladas, com pessoas que o bajulavam. E quando, em resposta às declarações de Joe, os fãs de Bruce lembraram que as brigas de rua avaliavam muito melhor a habilidade de combate do que as competições (supostamente Bruce teve várias brigas de rua em Hong Kong na adolescência), Joe respondeu: "Sou um veterano de guerra com 1,83 de altura e que pesa 90 quilos, Bruce tem 1,70 e pesa 59 quilos..."

Joe nunca lançou um desafio formal ao seu amigo, e Bruce nunca respondeu à declaração que ele fez sobre suas habilidades. Ficou claro o que Joe achava que aconteceria se eles brigassem na rua, e Bruce não queria descobrir.

O mundo das artes marciais enlouqueceu! Isso era uma blasfêmia! Joe se tornou o homem mais odiado das artes marciais, e os fãs, em seu típico modo "proteja o mestre", saíram em defesa de Bruce, enquanto justificavam e racionalizavam por que era tão errado Joe fazer essas declarações, e o quanto era certo Bruce não provar que ele estava errado.

Na ocasião fiquei chocado. Como alguém que tinha uma carreira e uma reputação, e até sua vida, baseadas na criação não só de um sistema de combate, mas também de habilidades pessoais de luta, não queria prová-las? Como seus fãs não apenas aceitavam isso, mas principalmente se reuniam ao redor dele, apoiando sua falta de vontade de lutar, usando todas as justificativas típicas das artes marciais para ele não fazer isso? (Mais sobre isso depois.)

Agora, antes de os fanáticos por Bruce me atacarem, deixe-me dizer que ainda sou um grande fã dele! O que mudou é que eu simplesmente vejo o que ele fez por uma perspectiva diferente – uma que aprecia sua ótima visão, métodos de treinamento, agilidade e, claro, seus filmes arrasadores, que eu ainda assisto sem parar, quase 40 anos depois! Eu queria que o Bruce tivesse se posto à prova? Sim. Eu o culpo por não ter feito isso? Não. Mas o culpo sim por ele não ter explicado com humildade e honestidade por que ele não fez isso.

Como venho falando tanto sobre brigas reais, minha vontade de deixar as coisas sem a explicação de Bruce sobre por que ele evitava provar suas habilidades em uma situação real pode soar um pouco hipócrita, mas eu também quero desencorajar você de deixar seu ego colocá-lo em situações perigosas. Como artistas marciais, cada um de nós deve saber que há vários caras maus que podem e vão arrebentar a nossa cara. De fato, nossa sobrevivência depende de entendermos isso. Por isso a natureza nos deu nossa resposta "lutar-ou-fugir". É ridículo nos colocarmos no caminho do perigo na rua, ou ao lutarmos contra alguém que sabemos que irá nos destruir no tatame, em vez de simplesmente engolir nosso orgulho e sermos honestos conosco e com os outros sobre nosso desejo de *não* lutar.

Por mais que eu queira testar minhas habilidades em uma situação baseada na realidade, não vou escolher atacar um psicopata com uma faca em um beco escuro se eu puder fugir da situação, ou entrar na gaiola com um lutador profissional de MMA porque meu ego pede. Eu não evitaria, também, porque, na verdade, a melhor forma de me aprimorar como artista marcial é perder, e a melhor forma de fortalecer a prática budista é virar-se para a adversidade e enfrentá-la.

Em vez de apenas tomar uma atitude e admitir que Bruce não queria lutar contra Joe, Gracie Jiu-Jítsu (que fazia desafios na época e que mais tarde se tornaria o UFC, mas falaremos mais sobre isso depois), ou qualquer outra pessoa, e explicar o porquê, o grupo de Bruce se escondia atrás das desculpas pela idade que, infelizmente, ainda são usadas hoje. Eu as ouço o tempo todo de artistas marciais cujo treinamento baseia-se em rotinas coreografadas com parceiros condescendentes e que não oferecem resistência. A desculpa que eles dão mais, e aquela que recebe mais risadas, é: "O maior nível de capacidade das artes marciais é atingido quando nunca se utiliza sua arte marcial". (Entendo, mesmo. Eu não tenho problema em sair ou fugir de qualquer ameaça, se possível. Mas *nunca*?)

Esse pessoal diz que o motivo mais importante para treinar artes marciais é desenvolver o espírito e a mente meditativa, e repondo: "Então, para que treinar em uma arte de combate, se a sua prioridade não é se tornar habilidoso em combate? Digo, você pode desenvolver sua mente e seu espírito com arranjos de flores ou com a cerimônia do chá! Se você vai treinar artes marciais, então deve fazer isso para desenvolver uma proficiência realista no conjunto de habilidades que ensina!"

Essa é a verdadeira questão. Essas pessoas precisam justificar por que *não* lutam, assim como o grupo de Bruce fez, porque *não* treinam *em* uma arte de combate, ou pelo menos não em uma que tenha um treinamento com base na realidade, ou não se puseram à prova em nenhuma aplicação realista. Lamento dizer, ou eles sabem que ela *não* pode ser aplicada ou vivem sempre se questionando se *poderia*. Por causa de suas dúvidas persistentes em relação ao seu treinamento e habilidades, eles precisam ficar dando para si mesmos essa velha desculpa em vez de encarar a realidade.

Não há nada mais triste do que um artista marcial que vive com a questão constante se poderia realmente se defender ou não! Alguns passam a vida toda sem nunca ter uma resposta. E o que é pior, eles não percebem que não ter uma resposta é sua resposta.

Eu estava no mesmo barco. Só fui entender muitos anos depois as lições valiosas das artes marciais e do darma que aprendi com todas essas experiências. Desde Caine e a série de televisão *Kung Fu* até Bruce Lee e Joe Lewis, passando pelos filmes de kung fu das tardes de sábado, minha jornada teve altos e baixos, passando das artes marciais tradicionais ao mundo moderno do MMA. Evoluí ao não aceitar nenhum ensinamento sem vivenciar sua aplicação baseada na realidade – a não aceitar a palavra de alguém sem ver sua atitude.

Como disse Buda sobre encontrar a verdade: "Seja sua própria luz, e não vá atrás dos outros. Tenha sua própria experiência e descubra sozinho". O meditador deve ver se o que é sentido no ambiente controlado de um zendô é apenas o resultado de *estar* naquele ambiente controlado. A experiência muda com a alteração das condições? Da mesma forma, no caso do artista marcial, isso significa testar suas habilidades contra um oponente que ofereça resistência em uma situação realista espontânea. As técnicas funcionam? Elas podem ser adaptadas? *Você* consegue adaptá-las?

Enquanto me posiciono no tatame, encarando meu oponente, sei que meu verdadeiro adversário sou eu mesmo. Passei por este processo mental muitas vezes durante o curso de muitos anos nas artes marciais. Com a prática budista, passei a entender isso como a liberação de uma identificação com o ego e um apego a ele; como uma liberdade de condicionamento; como uma experiência da atenção no tempo real, no momento presente, temperada com uma concentração em um ponto – um momento sem todas as ideias fixas que dão origem a uma espontaneidade livre.

Enquanto olho fixamente para meu oponente, meu foco está em manter o momento vazio no que diz respeito àquilo que a mente acrescentaria a ele. Deixo a onda de pensamento passar, sem ser levado por ela. Ela me lembra de minhas lesões, de como desloquei meu braço esquerdo durante uma luta. Dou alguns *jabs* com o braço esquerdo no ar, e a experiência direta dos socos rápidos e incisivos me mostra que qualquer preocupação que surja do pensamento não condiz com a realidade de como meu braço está agora. Ele parece ótimo e a memória da lesão desaparece tão rápido quanto veio.

A mente então me lembra que sou 15 anos mais velho, sete centímetros mais baixo e nove quilos mais leve do que meu oponente. Isso provoca um momento de dúvida, que respondo com o pensamento habilidoso. Levo minha atenção ao nível de experiência e habilidade, e a dúvida desaparece. Outros estão intimidados pelas habilidades com chutes do meu oponente e, embora eu tenha visto outros caírem com seu poderoso ataque de chutes, o que eles viram como seu ponto forte vejo como seu ponto fraco.

Começa a luta, e no meu campo geral de atenção, minha concentração logo vai para seu pé direito saindo devagar do tatame e logo sendo colocado de volta. Assim que ele abaixa seu pé, ele o levanta rápido de novo, dando um rápido e forte chute circular.

Se eu não tivesse visto o primeiro movimento inicial do seu pé, nunca teria me preparado para ele. Tenho um plano de ação em resposta ao seu ataque, mas não fico preso a ele, pois a "mente do tipo sei lá" sabe que minha resposta precisa ser natural e espontânea, pois se ater a um plano para uma situação que poderia acontecer não deixa flexibilidade para responder adequadamente ao que acontece de fato.

Minha estratégia inicial era me esquivar do chute e dar um soco com a direita. Mas, vendo essa hesitação inicial, pude me afastar tanto do chute que, quando ele atingiu meu braço esquerdo, seu impacto foi minimizado, o que me permitiu travar sua perna direita com meu braço esquerdo e arrastar sua outra perna, derrubando-o no tatame.

Nós vamos para o chão e começamos a luta agarrada. A maioria acharia que isso seria uma intensificação da luta, mas na verdade é o momento em que se precisa ter mais paciência, pois quanto mais você luta e usa a força, menos controle tem. O que é mais importante na luta agarrada é o posicionamento corporal, a distribuição de peso e o *timing*. Não que você não seja agressivo, mas a agressão é um processo lento, constante, metódico, um fluxo passo a passo, momento a momento, em vez do uso da força explosivo de uma vez só.

Um lutador especializado em agarramento se adapta à mudança constante de condições temporárias em uma luta, assim como um budista responde ao fluxo que é a vida momento a momento. Uma resposta imediata de agressão pura que surge de um desespero é, para o budista, o instante de apego, quando os lutadores são pegos em sua ideia fixa construída sobre a situação em vez de na fluidez de um momento presente em tempo real; para o lutador especializado no agarramento, é o instante quando ele erroneamente nos dá a oportunidade que estamos esperando e se dá por vencido.

Enquanto meu oponente tenta freneticamente mudar de posição, ele afasta seu ombro de mim apenas o suficiente para eu conseguir ficar atrás dele e "pegar suas costas". Enquanto escorrego em volta dele, rapidamente dou um gancho; me imagine sentado atrás dele, com ele entre minhas pernas, suas costas contra meu peito e cada uma das minhas pernas enganchadas sobre as dele. Trago meu braço direito para o ombro direito dele e na frente de seu pescoço, enquanto, ao mesmo tempo, coloco meu braço esquerdo no seu ombro esquerdo. Pego meu cotovelo esquerdo com a mão direita para segurar a chave, enquanto minha mão esquerda vai para baixo na sua nuca. Enquanto aperto, colocando uma pressão oposta para trás contra seu pescoço e para frente da sua nuca, ele dá tapas para encerrar a luta antes de ser estrangulado.

No tatame, o artista marcial encontra sua verdade. É onde ele encara todos os seus demônios e onde seus medos, dúvidas e inseguranças são expostos. Não tem como esconder quando você está lutando. Não há ilusão. Você precisa olhar claramente para seu verdadeiro eu.

Isso não quer dizer que todos os artistas marciais encontram sua verdade; muitos não conseguem, nem querem olhar para a realidade do treinamento no qual estão envolvidos. É uma ilusão pensar que usar uma armadura, usar um contato quase inexistente, realizando rotinas de autodefesa contra um "agressor" de boa vontade, que não oferece resistência, ou fazendo o kata, uma rotina coreografada de movimentos feitos no ar contra um oponente imaginário, sejam métodos de treinamento viáveis que possam ser aplicados no mundo real.

Muitos artistas marciais que treinam de uma forma irrealista tentaram me convencer de que, se nos depararmos com uma situação real, eles de repente conseguiriam reagir de um modo completamente diferente de seu treinamento. Nunca entendi como eles achavam que estariam preparados para uma realidade que nunca viveram. Mas essa é a cilada da ilusão. Quanto mais profunda for sua ilusão, mais fácil será para ela convencê-lo de que você não está iludido.

No Budismo, uma situação semelhante é chamada de síndrome do "se". Essa síndrome ocorre quando alguém acredita que as coisas seriam diferentes, seriam melhores, "se" eles mudassem, trocassem de emprego, entrassem ou saíssem de um relacionamento, tivessem mais ou menos dinheiro, fossem budistas melhores, tivessem iluminação, e assim por diante. Esse é o conceito budista da aversão: não aceitar sua realidade. Assim como o artista marcial, o budista é ligado à ideia de como ele acha que as coisas *seriam,* em vez de ver claramente como elas *são.*

A ironia com a síndrome do "se" é que, mesmo quando a realidade do budista corresponde a como ele acha que deveria ser, raramente ela corresponde às suas expectativas, e, mesmo se traz alguma satisfação, esta passa logo e o deixa com mais um novo conjunto de "ses" em resposta. A realidade nunca corresponderá à nossa ideia sobre ela. Quando nós pudermos ver com clareza e encarar a realidade, aceitar incondicionalmente o que encontrarmos e ficarmos satisfeitos com o que temos, não há necessidade de "se", nem de o artista marcial dizer: "Se isso fosse real..."

Uma prática autêntica é aquela que, quando posta à prova, aplica-se ao uso adequado em qualquer situação, uma que seja *diferente* de sua concepção original. Às vezes essa diferença é mínima e em outras grande, mas é sempre diferente. Como as situações reais surgem como um resultado de condições que estão em fluxo constante, é necessário ter uma prática com aplicações que sejam igualmente fluidas em resposta.

Tanto as artes marciais como os ensinamentos budistas são teóricos até serem testados em circunstâncias da vida real, em que eles podem ser comprovados ou refutados como resultado disso. Prender-se à teoria sem testá-la é prejudicial, pois ficamos presos, ao passo que testar um uso que falhe em sua aplicação na vida real não só nega conclusivamente sua validade, como também cria uma nova teoria para uma aplicação futura.

Isso também serve para o Budismo. Um praticante logo aprende que a aplicação habilidosa não depende do que se *conhece* sobre o Budismo, mas como se trabalha com os princípios budistas no cotidiano, aprendendo como responder com ações habilidosas apropriadas em situações da vida real.

Como este também é um livro sobre a prática budista, deixe-me continuar com uma fala de duplo sentido aparentemente contraditória, como aquelas dos biscoitos da sorte, no melhor estilo do Mestre Po. Embora eu saiba, como venho afirmando, que as ciladas comuns das síndromes "se" e "se isso fosse real" não são uma realidade, a realidade é: o que mais elas *poderiam* ser *senão* a realidade! Ou falando de outro modo: ainda que estejamos presos nessas ciladas, elas *são* nossa realidade, embora seja uma realidade nociva dentro da qual não saibamos estar.

Então, como sabemos quando confundimos nossa ilusão com a realidade? Como reconhecemos quando estamos vivendo com base no que pensamos em vez de como as coisas realmente são?

Na verdade, não é nada difícil! Sempre que nossa *ideia* de como queremos que sejam as coisas se choca com como elas realmente *são*, nós escolhemos não evitar o que vemos nem seguir uma visão diferente. Em vez disso, confiamos no nosso conhecimento intrínseco, nos investigamos com uma honestidade rigorosa e inabalável, vemos de forma clara nosso apego e imediatamente o rompemos.

Sem preocupações, certo? Está bem, talvez seja frustrantemente difícil! Mas não é difícil encontrar a oportunidade para fazer isso. A oportunidade está sempre lá, se escolhemos procurá-la.

Um aluno de meditação completamente desanimado por estar tendo um dia horrível, cheio de problemas, entrou correndo no zendô, ansioso pela tranquilidade da meditação para aliviar o estresse do dia, além de sentar e aumentar sua habilidade de ficar calmo e aceitar. Quando ele disse isso para o mestre, este riu: "Parece que você teve um dia cheio de oportunidades para praticar e crescer e você perdeu todas elas".

2

Não Causar Dano: a Não Violência da Violência

Quando houver apenas uma escolha entre covardia e violência, recomendo a violência.

Gandhi

Um guerreiro escolhe o pacifismo; todos os outros são condenados a ele.

Anônimo

Por motivos óbvios, antes de seguirmos adiante, devemos discutir abertamente a doutrina budista de não causar dano a nenhum ser vivo.

Certos companheiros praticantes de darma me falaram várias vezes que estou errado por misturar a prática budista com o treinamento pesado de artes marciais. Você precisa ver como eles ficam bravos, como são ríspidos, falam alto e até com *violência* nas vozes elevadas e na linguagem corporal para mim quando nós discutimos a não violência (na verdade, a discussão sempre se resume a como estou errado). Eles veem qualquer tipo de treinamento de artes marciais como violento em si e, independentemente se for usado ou não, incompatível com sua filosofia budista e prática de meditação.

Muitos praticantes budistas acreditam que apenas as artes marciais suaves sejam práticas meditativas legítimas, ao passo que as artes de luta pesadas não são. Elas são perfeitas para práticas suaves como o tai chi, que é ótima para o movimento meditativo e o bem-estar físico, mas inútil para autodefesa, e o aikido, que poderia ser eficaz, mas é sempre treinado em uma situação coreografada com um parceiro com boa vontade, e recomenda-se não lutar nem testar suas habilidades na vida real.

Isso me parece contraditório. Os budistas acreditam que devemos manter uma mentalidade meditativa em *todas* as atividades, desde como comemos até como vamos ao banheiro. Entretanto, de acordo com o argumento que alguns budistas me apresentaram, em se tratando de atividade física, apenas práticas que sejam lentas e fáceis, ou realizadas de um modo lento e fácil, são classificadas como adequadamente meditativas.

Na minha opinião, isso não faz sentido. Quando as coisas são lentas e fáceis, onde está o desafio? Tente ter uma mente meditativa quando você está sob pressão e sua adrenalina corre a milhões de quilômetros por hora! Você consegue ficar atento no meio de uma situação caótica? Ou quando alguém tenta nocauteá-lo, esganá-lo ou arrancar seu braço?

Não se preocupe. Sei bem como é estar sentado em uma almofada de meditação, em um ambiente controlado propício, com a mente correndo a milhões de quilômetros por hora. Para muitos de nós, isso parece uma realidade caótica extrema. Mas, agora, estou falando de artes marciais. Meu argumento é que nossa habilidade de estarmos atentos é sempre mais bem testada em uma situação da vida real extrema e acelerada em vez de em um ambiente lento, confortável e controlado artificialmente. Sem uma ameaça a nossa atenção, como podemos testar nossa habilidade para aplicá-la em resposta? Uma antiga lenda zen aponta para essa realidade.

> Durante um terrível terremoto, enquanto os monges corriam histéricos pelo templo, o mestre do templo entrou na área da cozinha e, no meio do caos, bebeu tranquilamente um grande copo de água. Quando o terremoto terminou, o mestre e seus monges se reuniram.
>
> "Vocês viram durante o terremoto", dizia o mestre, "como, enquanto vocês, noviços, perderam todo o con-

trole, consegui permanecer calmo e apenas apreciar um copo de água. Isso por causa do meu domínio da meditação de anos na almofada".

Um jovem monge, que estava na cozinha, levantou, fez reverência e disse: "Venerável mestre, não era água; era um copo de molho de soja".

Outro argumento que ouço em relação às artes marciais pesadas e a violência é que essas artes não combinam com o Budismo, não só por serem consideradas não meditativas, mas também porque "pesado" é visto *como* "violento" – violência entendida aqui como o estado fora de controle, prejudicial, que o Budismo e a meditação querem erradicar.

Na realidade, as artes marciais pesadas *não* se originam da raiva ou do comportamento estúpido prejudicial. Os praticantes do estilo mais pesado não estão cheios de emoções negativas ou estados mentais nocivos quando treinam, nem precisam estar em ordem para aplicar suas habilidades em uma situação da vida real. Na verdade, a aplicação de suas habilidades sofreria se eles estivessem. A aplicação das habilidades em resposta a uma situação de agressão na vida real não é uma ação irada, confusa; não é uma resposta desapegada de uma ação sábia e adequada de intenção clara.

Gostaria de pensar que os budistas que criticam os estilos pesados, considerando-os violentos, e que jamais deveriam ser usados, se aproximariam e tomariam a mesma atitude que eu para parar um ato agressivo, pois, tanto no contexto budista como no humanista, é simplesmente a coisa certa a se fazer.

Anos atrás, quando comecei a estudar com um professor budista, Noah Levine, ele era inflexível em relação a sua posição de defender a não violência, mesmo no caso de uma autodefesa. Mas agora que ele tem filhos, eu o ouvi dizer que quando reflete atualmente sobre o que faria se a segurança de seus filhos fosse ameaçada, ele não consegue se ver sem fazer nada (mais sobre essa visão logo a seguir).

Também descobri que o aspecto físico em si é uma questão para pessoas com uma natureza não física, pois elas parecem igualar o aspecto físico à violência, ou pelo menos à agressão ou à falta de limites.

Não é de se admirar que os budistas tenham tantas perspectivas diferentes e não concordem sobre o assunto da não violência, pois o *próprio* Budismo não concorda sobre o assunto. Alguns budistas adotam uma abordagem literal, preto no branco, e estão firmemente determinados a nunca usar força, sob quaisquer circunstâncias. Outros veem uma área cinza, na qual a sabedoria e a intenção devem ditar uma resposta subjetiva, habilidosa e apropriada a cada situação. Como você deve ter imaginado, compartilho da última visão e a explorarei neste livro.

Primeiro, devemos analisar a definição de violência. Buda disse que, em vez de uma ação ser certa ou errada, nós devemos investigar a intenção por trás da ação. Com esse entendimento como guia, defino a violência como qualquer ato realizado com a intenção de causar mal, seja físico, mental ou emocional, e defino um uso adequado de força com base em *deter* esse mal. A violência nasce da ignorância, da ilusão, da raiva e do medo, enquanto um uso apropriado da força em resposta à violência vem de uma mente que vê com clareza, da compreensão e da compaixão arraigadas na sabedoria.

A não violência não é a ausência de força, mas o uso dela sem intenção de fazer mal. Embora muitos dos meus críticos chamem minhas artes marciais de prática de violência, isso não poderia estar mais distante da verdade. A não violência não significa falta de ação. Treino e ensino o uso da força como uma resposta apropriada à violência, sendo minha intenção, por trás da utilização da força, atenuar e dissipar a violência.

Na verdade, minha prática budista tem como parâmetro de um treinamento de uso de força desenvolvido por mim, que foca em diminuir as brigas físicas com uma interação verbal atenta, respeitosa, compassiva e táticas de controle não prejudiciais. Treinei vários policiais, seguranças e profissionais de saúde mental que o utilizaram depois com grande sucesso, assim como eu, quando trabalhei como guarda-costas e como diretor de resposta à crise do pronto-socorro no departamento psiquiátrico de um hospital.

De fato, o precedente nos campos da segurança e de proteção (que é idêntico à prática budista) é tratar todos os sujeitos com respeito e dignidade. Isso é feito com uma ordem de não só usar táticas físicas profissionais (Ação Correta), mas também comandos verbais apropriados (Discurso Correto). Profissionais aprendem a pedir a condescendência do sujeito em vez de ordená-la, além de usar uma linguagem respeitável como "Por favor", "Obrigado", "Senhor" e "Senhora" quando solicitar algo.

Isso não só antes da resposta física, mas durante também. Muitas vezes eu disse: "Me acompanhe por favor, senhor", enquanto dava uma chave de pulso para contenção e então falava: "Muito obrigado, senhor", enquanto ele saía comigo. Nunca vi essas situações como violentas. Pelo contrário, eu as achava calmas, contidas, seguras e controladas; úteis em vez de prejudiciais às duas partes envolvidas. Essas experiências me provaram repetidas vezes que o treinamento em um estilo "pesado" não só contribui com o desenvolvimento de uma aplicação realista da habilidade meditativa, como também é necessário.

Embora a intenção seja a principal diferença entre uma resposta de uso de força e um ato violento, quando examinamos a cadeia de eventos que levam a uma situação dessa, o fator distintivo que determina a intenção é seu ponto inicial.

A doutrina budista da condicionalidade, como explicado pelos 12 Elos da Gênese Condicionada, define o ponto inicial de um curso de ação nocivo como ignorância. Eu diria que um ato de violência é ignorância *por si* só e o resultado direto de uma cadeia de eventos completamente sem atenção. Na verdade, a atenção é a última coisa que acontece em uma situação prejudicial (se acontecer), pois a pessoa que age com violência está fora de controle *durante* o ato e então "sai dessa" em um momento de consciência *depois* do fato. Isso costuma acontecer quando os indivíduos são algemados, quando são colocados no banco de trás de um carro da polícia, quando a porta da cela fecha, quando eles estão deitados no pronto-socorro e assim por diante.

Mas, em um uso de força apropriado, a consciência é a *primeira* coisa que acontece, motivando uma visão correta com controle completo sobre o processo de tomada de decisão de uma pessoa, as escolhas feitas e as ações que vêm dessas escolhas. Então, se a ignorância é o início de uma cadeia de eventos prejudicial, a sabedoria é o início de uma cadeia útil de eventos. De fato, o treinamento em um estilo "pesado" com base na realidade torna alguém *menos* propenso a usar a força, pois ter tido a experiência de uma situação real e aprender a ficar atento durante ela eliminam a ignorância que alguém teria se entrasse nessa situação a esmo.

Como mencionei antes, muitos professores de artes marciais, em geral tai chi, aikido e outros caras das artes marciais tradicionais, ensinam que o nível mais elevado de realização é nunca usar suas habilidades. Sua base lógica na verdade é cômica. Eles dizem aos alunos que aprenderam habilidades mortais, até demais para usar, de forma que a maior conquista é obter essas habilidades mortais, mas nunca ousar utilizá-las porque elas são mortais além da medida. Ha!

Você já sabe que discordo, mas entenda por quê. Eu disse que o nível mais elevado de realização é usar suas habilidades com a intenção de servir e proteger os outros. Para mim, a verdadeira definição de violência é ter os meios para impedir o dano e escolher *não* fazer isso. Escolher *não* responder, escolher deixar alguém ser vitimado, não só *não* é um nível elevado de realização, como também, na verdade, assim a pessoa se torna cúmplice e contribui *com* o ciclo violento, pois impedir o ato de violência ajuda tanto o agressor como a vítima.

Como? Bem, talvez arrancar a ignorância do agressor na porrada seja um catalisador para ele ver com clareza suas ações prejudiciais e mudar sua vida. Relaxe! Isso foi uma piada... Bem, mais ou menos.

E se impedir um ataque o mais cedo possível poupa a vítima de mais dor e sofrimento do que ela estaria sujeita se a agressão tivesse continuado? Agressores violentos estão doentes e sofrendo, e a ilusão está na raiz do dano que estão causando. E, embora entender isso não desculpe suas ações, é com a compreensão que podemos usar nossas habilidades com compaixão, em vez de com malícia, que é a diferença exata entre violência e o uso de força. Quando você vê isso com clareza, como pode *não* agir?

A prática budista nos ensina a não ter ideias fixas, não ficarmos ligados em constructos mentais e que é perigoso permanecermos presos no que "achamos" certo ou errado. Claro que cada um de nós tem sua própria compreensão de certo e errado que usamos como nossos guias ético e moral na escolha das nossas ações. Mas acho que todos ficaríamos bem surpresos com o quanto todos nós diferimos sobre o assunto.

A paz é apenas a ausência de violência? Nós podemos erradicar a violência completamente, ou esse é apenas um ideal grandioso e irreal? Um ideal tão nobre como esse na verdade causa o mesmo mal que pretende impedir ao defender ações inadequadas, ou nenhuma? Nós nos adiantamos se ajudarmos alguém por causa de um apego a esse ideal? Esperamos e observamos alguém ser espancado? Uma criança ser sequestrada? Uma mulher ser atacada? Quando examinamos nossos ideais em um nível pessoal, a área cinza, intermediária, nos atinge em cheio! Tudo bem se você não concorda com minha visão alternativa sobre esse assunto. Só não vamos brigar por causa disso!

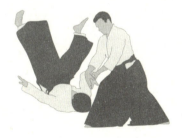

3

Você Está Preparado para Ser um Buda?

Não é bom negligenciar o corpo.

Manter o corpo com uma boa saúde é um dever,
senão não conseguiremos manter nossa mente forte e clara.

A calma interior só pode ser mantida se a força física
for recarregada constantemente.

Seu corpo é precioso. Ele é seu veículo para o despertar.
Trate-o com carinho.

Cada ser humano é o autor de sua saúde ou doença.

Buda

Não dá para ser mais claro do que a fala de Buda sobre saúde e o corpo! Não só nosso bem-estar é nossa responsabilidade, como ele depende também de nossa saúde física. Por ser um artista marcial, a importância do corpo e de sua saúde sempre representaram uma parte enorme da minha vida, de modo que, quando comecei a prática budista e li essas palavras, elas calaram fundo em mim.

Mas embora a maioria dos budistas tenha lido uma ou mais das palavras anteriores, poucos parecem dar ao assunto a consideração que Buda enfatizou que merece. Antes de tudo, o corpo e a saúde são o alicerce das primeiras visões e ensinamentos de Buda.

Segundo consta, antes de se tornar Buda, nosso campeão era um príncipe rico e mimado chamado Siddhartha. Enclausurado em seu espaçoso palácio, seu ambiente controlado para seu prazer, ele só tinha sentido felicidade e beleza, pois estava sempre isolado e protegido das realidades dolorosas da vida e da morte.

Um dia ele resolveu sair e ficou chocado ao ver pela primeira vez um homem idoso, um homem doente e depois um cadáver. O trauma por ver isso o levou a contemplar a impermanência das coisas e de sua própria mortalidade. Vendo claramente a ilusão insatisfatória de sua vida privilegiada, Siddhartha renunciou à sua coroa e à vida cômoda e se tornou um ascético errante. Ao tomar sua decisão, ele disse:

> Quando pessoas ignorantes veem alguém que está velho, ficam enojadas e horrorizadas, embora elas também envelhecerão um dia. Eu não quero ser como essas pessoas ignorantes.

> Quando as pessoas veem alguém doente, ficam enojadas e horrorizadas, embora elas também adoecerão algum dia. Não quero ser como essas pessoas ignorantes.

> Quando as pessoas ignorantes veem alguém morto, ficam enojadas e horrorizadas, embora elas também morrerão um dia. Não quero ser como essas pessoas ignorantes.

Como um ascético, Siddhartha seguiu todas as práticas do dia. Por seis longos anos, ele praticou severas austeridades e autoflagelos e, por fim, quase morreu de fome. Ele descreveu os resultados de seu esforço fracassado:

> Meu corpo atingiu um estado de magreza extrema. Por comer tão pouco, minhas articulações ficaram como varas de bambu; meu traseiro parecia um casco de búfalo; minha coluna parecia feita de contas; meus olhos afundaram em suas órbitas, parecendo o lampejo de água visto no fundo de um poço bem profundo.

Perto da morte, Siddhartha foi abordado por uma jovem camponesa que implorou para que ele comesse. Percebendo que nem viver uma vida de excessos nem uma vida de mortificação lhe trouxe a liberação que buscava, ele come, e, ao fazer isso, finalmente encontra a resposta que buscava com tanto desespero. Viu com clareza que uma vida vivida em qualquer um dos extremos causaria sofrimento e que a liberação é encontrada no caminho entre todos os extremos, o chamado "caminho do meio".

Quando os outros ascéticos descobriram que ele comera, acharam que Siddhartha tinha desistido e afastaram-se dele, mas Buda disse:

> A importância do alimento não é para o prazer, mas para a manutenção do corpo para a prática ser tolerada. Nós todos nos alimentaremos não por deleite ou intoxicação, mas apenas para a resistência para auxiliar uma vida santa.

Embora a primeira visão de Buda fosse que não podemos escapar da inevitabilidade da velhice, da doença e da morte, ele também ensinou que, da mesma forma que o apego ao corpo como um eu permanente causa sofrimento, negligenciá-lo e tratá-lo mal também causa. Usando as palavras *manutenção, resistência* e *auxílio,* ele ensinou que nossos corpos são preciosos e que devemos cuidar direito deles, que nossa intenção deve estar arraigada em lhes dar um sustento adequado para suportar nossa prática. Ele ensinou como nosso bem-estar corporal afeta diretamente nossos estados mental e emocional, bem como esses estados influenciam nossas ações, e que toda a compreensão e esclarecimento no mundo não farão nada para fortalecer um estado físico enfraquecido.

Meu exemplo pessoal é quando estou com fome ou cansado, ou pior... os dois! Esses estados de fraqueza física me deixam com pouca capacidade de ser paciente ou controlar meu temperamento. É simples: dar ao meu corpo a manutenção de alimento e descanso cria a resistência necessária para suportar minha prática.

Nessa mesma tendência, um lutador deve entender que nem a melhor técnica no mundo tem algum sentido sem um nível de condicionamento físico superior para executá-la. Muitas vezes, o melhor lutador perde apenas por causa de um nível menor de resistência, o que leva a um fracasso físico. Não tem jeito: se um lutador falha em sua manutenção física, não conseguirá executar uma ofensiva, sustentar uma estratégia defensiva ou aguentar um ataque. Por fim, um nocaute ou desistência estará logo ali.

Então, como um lutador se prepara de forma realista para estar bem fisicamente para lutar? Lutando!

Embora treinos de *cross training* para fortalecimento e condicionamento com certeza ajudem, a única forma para de fato preparar mente e corpo para suportar a intensidade rigorosa de uma luta é *lutar*, pois nada mais cria o estresse que leva um lutador ao limite.

Mesmo se você correr até cair ou levantar pesos até seus braços virarem borracha, não criará a mentalidade ou a resposta física necessárias para combater um oponente esmurrando-o no tatame. Esforçar-se para levantar a barra mais uma vez ou correr só mais um quilômetro ajudam, mas a única forma de aprender a sobreviver e escapar de um estrangulamento é sobreviver e escapar de um estrangulamento! Nem todos os exercícios extravagantes do mundo o prepararão para quando você tiver suor pingando nos seus olhos, e seu peito arfar por ar, enquanto um cara coloca todo seu peso sobre você, enquanto aperta seu pescoço com o braço.

Agora imagine como isso poderia afetar uma situação de proteção pessoal na rua, onde o fracasso acaba em uma lesão grave ou morte, em vez de uma vitória ou uma derrota no ringue ou na gaiola. Imagine se o único motivo para seu filho ser sequestrado ou sua esposa estuprada seja porque seu corpo falhou e você não conseguiu responder com eficácia! Sei que é um exemplo extremo, mas se alguém diz que está treinando para proteger seus entes queridos e a si mesmo, então, para realmente fazer isso, a pessoa precisa de fato treinar para um situação extrema como essa. Espero que essa situação nunca aconteça, mas e se acontecer?

O mesmo serve para a prática budista. Fico pasmo com quantos praticantes não fazem a conexão entre sua saúde e a prática de sentar. Nós ouvimos muito como as pessoas são direcionadas a usar sua dor como um professor, a sentar e dedicar-se a ela. E, embora essas possam ser instruções válidas em certos momentos para alguns, para a maioria elas podem ser prejudiciais, pois sua dor não é pela novidade da postura e sua inexperiência com ela, mas por sua falta de exercício, e os muitos quilos extras que esses indivíduos arrastam consigo que já tiveram um efeito adverso sobre eles *antes* de começarem a sentar. O fato é que se você carregar peso demais por muito tempo, suas costas e joelhos o incomodarão em qualquer circunstância, não só na meditação.

Outra questão que sempre me surpreendeu é como as pessoas meditam por horas respirando a fumaça tóxica do incenso, mas não notam essa danosa contradição budista durante sua meditação de atenção plena. E se você notar, eles estão muito apegados ao ritual de queimar incenso para pôr suas preocupações com a saúde em primeiro lugar.

Qual o benefício de ficar sentado, se estiver prejudicando seu corpo? Dizem que Bodidarma começou a ensinar exercícios indianos para monges no templo Shaolin para remediar a fraqueza e a fragilidade que eles tinham por meditar tanto e negligenciar seus corpos. Talvez budistas nada saudáveis comparem erroneamente o corpo e mantê-lo bem condicionado com apego ao ego e à vaidade. Mas não é uma questão de como você se parece por fora; é sobre que tipo de condição física você tem por dentro.

4

Já pro Tatame!

Podem-se cometer apenas dois erros na busca pela verdade:
não percorrer todo o caminho ou nem começar.

Buda

A mais fraca de todas as coisas é a virtude que não foi testada no
fogo.

⊠Mark Twain

A jornada de mil quilômetros começa com um único passo.

Lao Tsé

Uma antiga história zen fala de um aluno que queria estudar com Bodidarma. O aluno manteve vigília fora do monastério, meditando sob vento frio e na neve profunda, para demonstrar sua sinceridade e ser aceito. Depois de várias semanas sem resultados, ele amputou seu braço em um último esforço desesperado para ser aceito.

Essa história demonstra que para estudar o Zen Budismo devemos ter uma dedicação inabalável e estar disposto a não medir esforços para praticar, e que um bom professor exigirá isso de você.

Sem sombra de dúvidas, concordo com isso. Não concordo é com a apropriação de histórias como essa por falsos professores que querem se descrever como "verdadeiros mestres" para alunos mais influenciáveis. Essa questão entrou cada vez mais em foco quando o Budismo e as artes marciais e suas diferenças culturais chegaram ao Ocidente (mais informações sobre isso depois).

No entanto, nós precisamos de um professor e, nesse caso, como encontrar um?

Dizem que se você não tem um professor, não deve estudar o Budismo. Que estudar o Budismo sem um professor seria, na melhor das hipóteses, uma perda de tempo e, na pior, poderia fazer mal. De acordo com esse raciocínio, aprender por conta própria seria estudar as suas ideias *sobre* o Budismo em vez do Budismo *em si,* e que isso levaria a um apego à sua própria ignorância e ilusão, em vez de ao esclarecimento. Eu acrescentaria que estudar Budismo com um professor ignorante e iludido não é diferente, pois se aprende uma noção errada ou a sua noção errada é validada.

Dito isso, ainda pode ser útil começar a sentar sem um professor. Note que eu disse sentar em vez de meditar. Faço essa distinção porque apenas meditar não é exclusivo do Budismo e a prática budista não se restringe à prática da meditação, mas com uma orientação de um professor, uma mescla das duas práticas se torna uma meditação budista.

Por "sentar" quero dizer a simples prática de se acostumar com a mecânica física da postura – começar a parar e descansar em silêncio nessa experiência, livre de quaisquer ideias que deveriam ou não aparecer, se está sendo feita corretamente ou não e sem um contexto budista para ir contra ela.

Sei que muitos meditadores experientes poderiam dizer que a meditação budista é exatamente isso, principalmente Shikantanza – e eles estariam certos. Mas devo enfatizar que o que descrevo aqui se refere a um iniciante que começa a atividade física de sentar, não a uma prática meditativa que leve a um esclarecimento como um resultado de ser temperado pela correta compreensão budista.

Estudar ideias erradas sobre o Budismo e depois meditar com base nelas cria uma ilusão prejudicial e uma visão errada da realidade, mas "apenas sentar" ajuda, pois sentar é por si só uma realidade. Mesmo se a realidade for sentar "mal", isso pode ser uma *boa* experiência, por ser uma experiência *real.* A experiência real é nosso professor mais valioso, pois estudar é *pensar* Budismo, ao passo que sentar é *fazer* Budismo.

Isso não é diferente no treinamento de artes marciais. Estudar nossas próprias ideias sobre artes marciais é prejudicial. E um mau professor que valida nossa ideia errada ou nos ensina sua própria visão errônea é ainda pior. Mas, como descrevi antes em relação a sentar, pode ajudar dar uns chutes e socos e começar a apresentar nosso corpo à mecânica física básica das artes marciais. Na verdade, como notei antes, aprendemos mais em uma luta, e ainda mais com a *derrota* em uma luta, do que jamais aprenderíamos estudando ideias conceituais ou com um professor sem experiência na vida real.

Conheci muitas pessoas ao longo dos anos que estudaram a história das artes marciais e seus aspectos culturais em grandes detalhes, acumulando um extenso conhecimento conceitual da técnica, mas que nunca sequer pisaram no tatame. Pessoas como essas estudaram tudo que poderiam sobre artes marciais, podiam discutir a aplicação técnica e responder a qualquer pergunta feita a elas. Elas me fizeram perguntas sobre fatos históricos obscuros, e quando eu não conseguia responder a essas questões, consideravam isso uma prova de que eu não era um bom professor, justificando assim sua decisão de ficar no sofá e não fazer nada. Caras como esses entravam no meu dojô (e provavelmente em qualquer outro na cidade) e, em vez de entrar para finalmente iniciar o treinamento depois de 20 anos de procrastinação, eles acabariam perdendo meu tempo conversando sobre artes marciais comigo.

Embora todas as pessoas que conheci assim tenham suas próprias questões individuais, o denominador comum é que todas racionalizaram que precisam estar em certo ponto para estarem prontas para começar a treinar, e que esse ponto é atingido ao se ganhar conhecimento. O que elas não percebem é que toda a preparação que estão fazendo *para* começar é exatamente o que as impede *de* começar.

As pessoas racionalizam um milhão de desculpas diferentes para explicar como seria melhor não começar agora. ("Eu quero perder peso." "Eu quero melhorar meu condicionamento cardíaco." "Quero ser mais flexível.") Elas sempre têm uma desculpa para não começar que, uma vez superada, as deixará em melhor situação quando começarem *mesmo*! O problema é que esse ponto para começar, o ponto de "entrar no treinamento", parece nunca vir e elas nunca começam.

Muitas pessoas passam a vida toda se preparando para começar, apenas para perceber que nunca fizeram isso. A única forma de *conseguir* experiência é *tê-la*. Pensar que acumular conhecimento nos trará algum tipo de vantagem, nos dará um melhor ponto de partida, o que, por sua vez, nos dará resultados melhores e mais rápidos é pura ilusão. Essa ilusão sempre nos impedirá de começar, pois perpetua a ideia de que *mais* preparação nos levará a um *melhor* ponto de partida, com resultados ainda *melhores*! Isso nos mantém presos numa cilada insidiosa de sempre buscar o *melhor* ponto para iniciar.

Um velho diálogo zen ilustra esse ponto perfeitamente:

Um jovem aluno pergunta ao mestre: "Mestre, onde entro no zen?"
"Você está ouvindo o riacho?", o mestre retrucou.
"Sim", o aluno respondeu.
"Então entre lá!", o mestre riu.

O aluno está achando que há um momento, um lugar ou uma situação especial que é preciso encontrar para começar. Talvez o aluno estivesse achando que o mestre ia pedir para ele fazer uma meditação especial ou ler um texto sagrado específico, mas a resposta do mestre o arrebata e direciona a atenção do aluno para o momento presente, apontando para a verdade que só há o agora. Em vez de pensar nisso, o aluno precisou perceber que já estava lá. Que tudo que já é agora. E não só não há um momento *melhor,* como também não há *outro*. Na história, o mestre apenas pergunta ao aluno se ele escuta o riacho. Ele não direciona o aluno a ouvir de algum modo especial, ou pensar nele, apenas ouvi-lo, estar presente para a experiência do momento. Isso é Zen – estar presente para a experiência do instante, em vez de se apegar a nossas ideias sobre isso.

Então, se você quiser começar a meditar, esqueça ter de reorganizar sua agenda para criar mais "tempo livre", estudar Budismo ou ganhar mais flexibilidade para iniciar sua prática. Apenas se sente e comece agora! Coloque o tapete no chão e comece. AGORA! E, então, assim que começar a sentar, encare sua vida! Inicie integrando sua prática ao seu estilo de vida. Transforme sua sabedoria em ação habilidosa. Não fique no meio da situação "grave" de precisar meditar mais, ir para um retiro ou tornar-se esclarecido antes de aplicar sua prática. Afinal, depois de você sentar, não há mais nada a fazer a não ser levantar e lutar!

Esse dilema não se aplica apenas aos novatos que querem começar a treinar em artes marciais e Budismo. Vi muitos artistas marciais que treinavam há muitos anos pararem de treinar e terem uma dificuldade incrível de recomeçar. A realidade é que muitos não recomeçam.

Alertei um amigo sobre que, quanto mais tempo ele ficasse longe do tatame, mais difícil seria para ele voltar. Embora ele soubesse disso, respondeu com o mesmo raciocínio de um iniciante: de que ele queria recomeçar, mas precisava perder uns quilinhos e melhorar seu condicionamento físico antes de voltar. Bem, isso foi *anos* atrás, e não só essa ideia o impediu de voltar ao tatame, como o impediu de perder peso! Na verdade, ele até ganhou mais peso. A ironia é que, se ele tivesse voltado ao tatame quando me disse que queria, teriam acontecido as seguintes coisas: ele não só não teria ganhado mais peso, como também teria perdido o peso que inicialmente tinha ganhado em metade do tempo que ele levou para ganhar e conseguiria alcançar anos de habilidades aperfeiçoadas em artes marciais sob sua faixa nesse momento!

Um antigo mestre disse: "Pise no tatame uma vez, treine por toda a vida!". Querendo dizer que, depois de começar a treinar, mesmo se você apenas treinar uma vez, ao desistir você passará todos os dias fora do tatame tendo de enfrentar (ou evitar) o fato de ter desistido. Isso por si só talvez seja a maior lição a se aprender.

5

Atrapalhar Meu Estilo

Absorve o que for útil; descarte o que não for; adicione o que for somente seu. Todos os padrões estabelecidos são incapazes de adaptabilidade ou maleabilidade. A verdade está fora de todos os padrões fixos. Aprenda o princípio, seja fiel a ele e o dissolva. Em suma, entre em um molde sem ficar aprisionado nele. Obedeça ao princípio sem ficar limitado por ele. Aprenda, domine e conquiste.

Bruce Lee

A maioria dos filmes antigos de artes marciais que eu via quando criança tinham o mesmo enredo: duas escolas com estilos diferentes de artes marciais se gabavam de que seu estilo era o melhor. Durante o filme, o conflito entre os membros dos dois dojôs se intensificava até tudo culminar com uma cena final de todos os membros de cada escola lutando até a morte para provar sua opinião.

Para aumentar o drama, o filme abria com uma cena mostrando um membro de uma das escolas cometendo um ato inescrupuloso, sinalizando que era da escola "má", o que fazia da escola oposta a "boa". Isso era mais acentuado pelos alunos da escola "má" que sempre estavam vestidos de preto, enquanto os alunos da escola"boa" estavam sempre vestidos de branco. Naturalmente, os "bonzinhos" vestidos de branco sempre venciam.

Por ironia, na minha própria experiência em artes marciais, descobri que essas histórias bobas não estavam muito longe da verdade. Frequentemente, na minha história de treinamento, o grande mestre pontificava sobre como nosso estilo e suas técnicas eram superiores a todos os outros, selecionando um estilo em particular e explicando o que faltava na técnica deles em comparação com a nossa, como seus adeptos eram de alguma forma "maus". Talvez não fosse coincidência que o estilo selecionado como inferior sempre era aquele que ganhava popularidade com o público, e não só atraía mais alunos do que o nosso, como também levava alguns dos nossos alunos a abandonar o barco.

Era ridículo. Os estilos de ataque com chutes diziam ser superiores aos estilos orientados por técnicas de ataque com as mãos. Então os estilos de ataque com chute e golpes diziam ser superiores sobre os sistemas de chaves de articulações e arremessos. Os sistemas de chaves e arremessos então se voltavam contra os sistemas de golpes e, depois, os sistemas de luta de chão se juntavam contra todos eles! Para piorar as coisas, os boxeadores zombavam dos caratecas e os lutadores romanos riam daqueles que praticavam luta corpo a corpo. No passado, exceto por uma luta de rua ocasional, não havia locais para as declarações serem testadas, pois todas as competições eram apenas de um estilo.

Tudo isso mudou no início da década de 1990, quando a família Gracie do Brasil, que tradicionalmente arranjava lutas de desafio no dojô e na rua para demonstrar como achava que era superior a sua forma de artes marciais, decidiu modernizar seu conceito de evento. Os membros dessa família acrescentaram um octógono, comentaristas, premiação em dinheiro, propaganda e cobertura pela televisão e chamou a isso de Ultimate Fighting Challenge. Nos primórdios, o UFC não era o que é hoje. Não havia divisão por peso, não havia *rounds* nem luvas. As únicas duas proibições eram morder ou arrancar os olhos. Todo o resto era permitido.

Bem no início, o jiu-jítsu dos Gracie prevalecia, mas, como vimos na evolução do esporte ao longo dos anos, isso tinha mais a ver com a novidade do jiu-jítsu brasileiro e a inexperiência dos lutadores em se defender contra ele do que com sua superioridade sobre outras artes marciais. Com o passar do tempo, mais lutadores acrescentaram o jiu-jítsu aos seus arsenais, e nós vimos que, o que antes era o estilo dominante, tornou-se uma das muitas ferramentas de combate que todo lutador usa. Nós também vimos a evolução dos conjuntos de habilidades, quando os lutadores de luta greco-romana dedicaram seu tempo a desenvolver suas aptidões no boxe, kickboxers treinaram luta greco-romana, os caras do jiu-jítsu aprenderam a golpear e, para completar, todos eles perceberam a importância dos seus níveis de condicionamento físico e de seu vigor atlético em relação à luta, o que levou à adição de treinadores de elite e a programas de força e condicionamento.

Onde antes o UFC organizava lutas que opunham um estilo ao outro, ao longo dos anos houve uma evolução no treinamento. Os lutadores treinados em apenas um estilo adicionaram outros ao seu conjunto de habilidades mais tarde em suas carreiras, e a atual geração de lutadores não só treina em várias disciplinas, como também faz isso desde que começou a treinar quando jovens. O resultado é um lutador híbrido com um conjunto de habilidades completo, composto das táticas mais eficientes encontradas nos vários estilos de disciplinas de combate.

Agora poderia parecer que acabei de atacar o jiu-jítsu, mas a maior parte da discussão sobre artes marciais neste livro depende da minha honestidade, e eu seria negligente se elogiasse os pontos positivos do jiu-jítsu e não abordasse os negativos.

A realidade é que, quando os lutadores começaram a acrescentar o jiu-jítsu em suas lutas, os lutadores orientados pelo jiu-jítsu começaram a perder seu domínio. Este é um esporte governado por regras e, embora o combate na gaiola e as lutas de jiu-jítsu sejam realistas – no sentido de que duas pessoas estão comprometidas com o combate, ao contrário da besteira coreografada que acontece no Mc'Dojô's com parceiros que não oferecem resistência –, ainda é um esporte de combate com limites, e esses limites muitas vezes precisam ser apagados em uma situação de vida e morte real para autodefesa.

Acho que posso derrotar as pessoas que tipicamente acabam comigo quando nós partimos para o jiu-jítsu, seguindo as regras, se eu usar as técnicas do meu treinamento de outras artes marciais não permitidas por essas regras, como manipulação de articulações pequenas e de dedos, e ataques em pontos de pressão e nevrálgicos. No meu conhecimento, poucos competidores de jiu-jítsu têm experiência em se defender de armas como uma faca ou um revólver ou usar armas como um bastão ofensivamente contra uma ameaça. Não estou dizendo que o jiu-jítsu não seja uma arte marcial eficaz para a autodefesa. Estou falando apenas que, assim como todas as outras artes marciais, ele tem prós e contras e, em certas áreas, usa técnicas específicas de autodefesa que são eficientes e podem ser adicionadas ao nosso arsenal.

Os artistas marciais atuais não percebem como são sortudos! Na minha época, a mentalidade "nosso estilo é o melhor" isolou os alunos e os limitou a apenas um aspecto da luta. Se você quisesse aprender outra coisa, tinha de ser às escondidas, pois, se seu principal instrutor descobrisse que você estava treinando em algum outro lugar, você seria jogado para fora do dojô! Tive de gastar muito tempo e dinheiro procurando, indo a muitos instrutores diferentes para treinar os muitos aspectos distintos das artes marciais.

Hoje em dia, muitas escolas deixaram a abordagem "nosso estilo é o melhor" e oferecem um currículo eclético. Empregando as técnicas mais realistas e eficazes de uma variedade de estilos diferentes, elas se dedicam a todos os aspectos variados da luta e da autodefesa em um currículo. Em vez de ir de dojô em dojô e de um seminário a outro tentando satisfazer suas aspirações de treinamento, os alunos atuais precisam apenas encontrar um instrutor que já fez isso por eles. Não mais impedidos pela rigidez e pelas limitações de um estilo particular, os artistas marciais agora têm experiência em muitas áreas diferentes de combate. Enquanto, em um dado momento, era impressionante ser um mestre de uma arte, agora isso é visto como uma desvantagem, pois os mestres de artes marciais mistas atingiram novos patamares de habilidade e elevaram o limiar da possibilidades. Está claro que aqueles no campo das artes marciais que não se adaptarem ficarão para trás.

O Budismo seguiu por um caminho parecido. Primeiro, vamos esclarecer uma coisa: não sou estudioso ou especialista em Budismo. Estou apenas tentando conversar sobre os vários estilos e tradições do Budismo no mesmo contexto que eu fiz com a comparação dos diferentes estilos de artes marciais, e não estou de jeito nenhum tentando explicar cada forma de Budismo. Como vou fazer afirmações muito amplas e gerais sobre a história do Budismo, se você estiver realmente interessado no assunto, isso requer uma análise minuciosa completa por um acadêmico reconhecido, em vez de minha observação superficial baseada no que ensinei e aprendi com minha própria prática.

Por toda a sua história, enquanto o Budismo se estabelecia em novos lugares, ele era alterado pelos aspectos culturais e crenças religiosas que existiam antes dele. Quando ele foi da Índia para a China, por exemplo, mesclou-se ao Taoismo e às muitas religiões populares praticadas na época. Quando os textos indianos foram traduzidos, muitos termos taoístas foram usados, e o entendimento desses termos na cabeça das pessoas, como um resultado de suas ideias religiosas já arraigadas, levou à sua interpretação subjetiva do Budismo.

Por exemplo, enquanto os budistas indianos consideravam Buda um grande professor, os budistas chineses fizeram dele um deus para cultuar e louvar. Quando o Budismo chinês espalhou-se no Japão, encontrou o Xintoísmo, uma religião animista indígena que cultuava a natureza e seus espíritos. Enraizada na crença japonesa de que tudo na vida da pessoa pode ser o "caminho", o Budismo japonês misturou artes marciais, o manejo de espada, arco e flecha, caligrafia, pintura, arranjos florais, preparação de chá e muitas outras atividades como veículos meditativos.

A outra rota de comércio principal, a estrada Chama, viu o Budismo chegar ao Tibete e ao Sudeste Asiático. Quando entrou no Tibete, o Budismo incorporou as tradições, os costumes e os rituais indígenas nativos daquele país, como o culto a gurus e a crença em deuses, espíritos, demônios e no sobrenatural.

Quando o Budismo chegou ao Ocidente, foi adotado por muitas pessoas ansiosas por uma prática espiritual livre do dogma da doutrina judaico-cristã. Em vez de ocidentalizar o Budismo, os seguidores do Ocidente aceitaram a cultura oriental e seus aspectos ao ponto do fanatismo, nunca percebendo que eles apenas se tornaram a versão oriental do mesmo conservadorismo rígido do qual queriam escapar. Eu chegaria ao ponto de dizer que, nos primeiros estágios, a maioria dos budistas ocidentais o seguiu cegamente, mais levados por sua obsessão pelos aspectos culturais exóticos do Oriente do que por qualquer convicção firme dos méritos do ensinamento budista. Brinco muito que se "Om Mani Padme Hum" fosse traduzido por algo como "Ame o senhor, seu deus" ninguém teria adotado o Budismo!

Com a evolução do entendimento do Budismo no Ocidente, houve uma mudança das pessoas que imergiram na cultura oriental que o acompanhava para uma mistura de sua compreensão dos ensinamentos budistas com ciência, psicologia, psiquiatria e até o movimento de autoajuda. Nós vimos os dois mundos colidirem, enquanto praticantes lutam para reconciliar o conceito oriental da "ausência do eu" com o conceito ocidental do fortalecimento do ego, e tentam praticar a renúncia em meio ao epicentro do materialismo.

Assim como no Japão, nós vimos outras atividades se tornarem veículos meditativos, mas, em vez de nos limitarmos apenas às atividades "lentas" que o Oriente considerava propícias à meditação, a influência ocidental permitiu afrouxar os limites. Com suas experiências com a atenção plena, os praticantes ocidentais descobriram que atividades antes consideradas como "baratos" para viciados em adrenalina, ou como meras rotinas de exercícios, podem proporcionar o local para uma experiência meditativa autêntica e ser utilizadas como práticas de atenção plena legítimas. Surfe, alpinismo, *parkour*, paraquedismo, *skate*, *cross training*, triatlo, maratonas, corrida, natação – caramba! O Ocidente deu ao mundo "o Zen do... bem, de tudo!"

Espero continuar afrouxando os limites, promovendo lutas baseadas na realidade. Essas atividades aparentemente "não budistas", quando vivenciadas com uma compreensão dos ensinamentos budistas, não diferem de sentar em uma almofada, assim como sentar em uma almofada sem entender o ensinamento budista é, bem, apenas sentar em uma almofada. Não é?

A questão mais alarmante resultante da chegada do Budismo no Ocidente tem sido isolar a atividade da meditação como uma prática livre de qualquer contexto budista. Vimos isso ocorrer em prisões, para controle do estresse, em empresas, para aumento da produtividade, em hospitais, para controle da dor, e em escolas, por questões de atenção e comportamento. Isso causou uma enorme divisão entre os praticantes.

Os defensores dizem que isso faz sentido porque o Budismo veio *depois* da experiência de esclarecimento de Buda – uma experiência, eles logo destacam, que derivou apenas da prática de meditação. Então continuam seu argumento dizendo que as mesmas observações e conclusões a que Buda chegou na meditação estão disponíveis para o meditador secular descobrir sozinho. Os oponentes dizem que a prática não é apenas uma atividade de estar atento ao momento, de estar presente, ou para algum tipo de resultado terapêutico, mas que o único objetivo do meditador é perceber sua verdadeira natureza, purificar seu carma e ganhar mérito para um melhor renascimento em sua vida futura, para que ele possa, no fim, tornar-se iluminado, tornar-se um Buda. Nas mentes de muitos budistas, isso não difere da ideia cristã de pecado e redenção, de implorar perdão para conseguir chegar à ótima vida após a morte chamada paraíso.

Embora eu não acredite em vidas passadas e futuras ou em férias permanentes (desculpe, digo, estado de iluminação permanente), minha prática entra no meio dos dois argumentos. Acredito piamente nos benefícios de uma prática livre de Budismo, só com meditação, e a experimentei. O que descobri, no entanto, é que esses benefícios só tratam das minhas questões mais profundas, e da qualidade da minha vida como um todo, quando estão imbuídas de entendimento budista, principalmente ética. Embora apenas a meditação possa aliviar os sintomas superficiais, compreender a natureza do sofrimento e os papéis que minha ignorância e apego condicionados desempenham nele, e como isso se traduz em minha conduta, fala e pensamento é o único caminho para a transformação na minha experiência.

Simplificando, um imbecil pode meditar e conseguir benefícios meditativos, mas ainda será um imbecil! E embora meditar possa ajudá-lo a ver que os sintomas dos quais ele busca alívio são um resultado de ser um imbecil, enquanto ele não quiser deixar de ser um, sua meditação "livre de Budismo" na verdade o manterá ainda mais assim!

A ponte entre os dois para mim é minha intenção de viver de uma forma específica, uma que seja diferente do passado, que ajude a desemaranhar um condicionamento velho e prejudicial, e criar um novo e útil. Na minha experiência, isso é feito com mais eficácia não só nos ajudando, como também ajudando os outros, o que é ainda mais importante. Só a meditação pode ser considerada um serviço a si mesmo; quando é imbuída de entendimento budista, torna-se um serviço aos outros, o que, por sua vez, é a forma mais profunda de servir a si.

Então, o que tudo isso tem a ver com estilo? Bem, assim como nas artes marciais, o Budismo também evoluiu no Ocidente de uma mentalidade "nosso estilo é o melhor" para uma mistura coesa de técnicas e ideias de diferentes disciplinas, que criaram um praticante híbrido com um conjunto de habilidades e de conhecimentos mais amplos.

Imagine só isso. Em vez de uma luta na gaiola do UFC (Ultimate Fighting Championship), uma partida no zendô de BFC (Buddhist Fighting Championship), na qual dois praticantes se envolvem em um caloroso debate sobre darma. Assim como os primeiros lutadores de UFC eram limitados por seus estilos, os lutadores de darma do BFC também só podem se valer do conhecimento de sua prática específica e, em qualquer momento, podem ser superados no debate por outra escola – não porque o conhecimento de seu oponente seja melhor, mas simplesmente porque eles não tinham aquele conhecimento nem estavam preparados para defender sua visão contra ele.

Baseando-nos nesse exemplo, podemos entender como um praticante budista da escola Theravadan pode não estar familiarizado com o ensinamento do vazio e ser superado no debate por um praticante da escola Mahayana, apenas pela falta de treinamento nesse ensinamento. A derrota não prova que o cara da Theravadan seja menos budista, apenas que ele pratica o Budismo de outra forma.

Então, assim como todos os lutadores começaram a aprender jiu-jítsu e todas as suas habilidades de combate melhoraram, os praticantes do Budismo que aprenderem os ensinamentos das outras tradições também podem atingir um nível mais elevado. Hoje, vemos budistas realmente colocando em prática o que Buda disse sobre "descobrirmo-nos sozinhos". Tornou-se a norma, e não a exceção, encontrar praticantes híbridos emanando *metta*, ou amor-bondade; contemplando koans; examinando as sensações corporais durante a meditação; repetindo mantras; estudando sutras ou textos budistas sagrados e lendo os escritos de Dhamapadha, Dogen, Dalai Lama, Thich Nhat Hanh, Ram Dass, Pema Chodron, Jack Kornfield, e meus favoritos, Stephen Bachelor, Noah Levine, Ethan Nichtern e Josh Korda.

Embora eu sempre me refira a mim mesmo como um budista neste texto, e faça isso na minha vida pessoal para que não tenha de me estender na explicação sobre minha prática em conversas breves com as pessoas que conheço, na verdade não gosto de usar esse rótulo. Claro que, em certo ponto, sou um budista, pois pratico o que Buda ensinou. Mas com certeza não sou o que você chamaria de praticante religioso, alguém que concorda com os símbolos, os rituais e as crenças adicionados aos ensinamentos de Buda após a revelação.

A ironia é que os praticantes mais devotos fizeram de toda a coisa acrescentada, as crenças que vieram de diferentes religiões populares e os aspectos culturais nos vários países que adotaram o

Budismo, a parte mais venerada de sua prática. O prejudicial nisso é que faz os novatos no Budismo pensarem que, se eles não seguirem o exemplo, não estão praticando seriamente, quando é na verdade o exato oposto! Na realidade, para ser o budista mais rigoroso, ortodoxo e conservador, o indivíduo deve praticar *apenas* os ensinamentos atribuídos a Buda, não o que foi acrescentado *depois* da revelação!

Dito isso, o que funcionar para você serve para você e o que funcionar para mim serve para mim. Na minha opinião, cada um de nós deve sempre ser claro sobre o que realmente funciona para si, embora minha experiência tenha mostrado que os praticantes com uma mentalidade "nosso estilo é melhor", seja no Budismo ou nas artes marciais, em vez de se beneficiarem da abordagem de seu próprio estilo, acabam presos, pois estão apenas atrapalhando seu próprio estilo.

6

O Lado Bom do Mau Treinamento: Como Encontrar o Professor Certo

Aquele que ousa ensinar não deve nunca deixar de aprender.

Anônimo

O professor medíocre conta, o bom professor explica, o professor superior demonstra, o professor excelente inspira.

William Arthur Ward

Eu tenho mais de 40 anos de treinamento em artes marciais no currículo e, embora pareça impressionante, posso dizer honestamente que muito disso não era sério. Agora muitos presumiriam que *eu* não era sério, mas nada poderia estar mais distante da verdade. O fato é: eu era sempre sério. O treinamento é que não era. Ou melhor, o treinamento era sério, minha atitude para com ele era séria, mas o material sendo treinado não poderia atender aos meus objetivos de um modo realista. Não importa o quanto alguém é sério, com o mau treinamento, ele ainda é mau!

Você pode estar se perguntando: por que raios aguentei um mau treinamento por tanto tempo? Bem, primeiro, deixe eu esclarecer que o mau treinamento que tive não foi uma experiência singular. Foi um longo e árduo processo para encontrar tanto o treinamento que eu queria como a pessoa certa para ensiná-lo para mim.

Ao longo dos anos, minha busca por professores e pelo treinamento certos me levou a muitos docentes diferentes em diversas disciplinas, e, embora muitas de minhas experiências fossem decepcionantes, elas foram absolutamente necessárias, pois ver o que eu *não* estava procurando esclareceu minha visão do que eu *procurava*. Isso é importante, pois o que considero um mau treinamento baseia-se apenas nos meus objetivos estritamente definidos, mas o treinamento pode ser excepcional para alguém com objetivos distintos em mente.

O que nos leva à verdadeira questão subjacente: o professor.

Se um estudante tem consciência quanto aos seus objetivos de treinamento, ou não faz ideia do que está buscando, é responsabilidade do professor conseguir articular com clareza o que um aluno pode esperar aprender com ele. Você acharia isso fácil, mas, na verdade, é aí que as coisas complicam!

Vamos ver alguns dos casos difíceis que podem surgir quando um aluno tem objetivos específicos em mente.

No primeiro caso, o professor diz que o treinamento atende aos objetivos declarados pelo aluno, muito embora ele saiba que isso não é verdade. (Sim, ele mente!) Ele lhe dirá qualquer coisa que quiser ouvir, apenas para você assinar na linha pontilhada. O professor não se importa sobre quando você perceber que ele mentiu, pois tem uma garantia de que receberá todo o dinheiro, então ele não se preocupa se você desiste ou continua.

No segundo, o professor também diz que o treinamento atende aos objetivos, quando na verdade eles não atendem, mas, em vez de mentir sobre esse fato como fez o instrutor no primeiro caso, ele realmente acredita nisso! O exemplo comum é o instrutor que nunca esteve em uma circunstância real, ensina técnicas que nunca foram testadas em uma situação verídica e ainda diz ao futuro aluno que o treinamento atenderá a seu objetivo de conseguir se proteger de um modo realista. Esse instrutor sofre do caso "se fosse real" que mencionei já.

No terceiro caso, o professor sabe que seu material não atenderá aos objetivos do aluno, mas, em vez de mentir e dizer que atende, o instrutor convence o aluno de que ele tem os objetivos errados e então o manipula para definir novos objetivos.

Eu vivi uma versão disso durante um seminário que dava numa escola de taekwon-do. Enquanto eu ensinava um arremesso do judô, notei um grupo de alunos na outra ponta do tatame me observando com entusiasmo enquanto lecionava, embora seu instrutor coreano me analisasse com um olhar de desaprovação no rosto. Depois de me observar por vários minutos, ele se aproximou, cruzou os braços desafiadoramente e vociferou com raiva: "Por que você perde tempo com isso? É só eu chutar você!".

"Então me chute", eu disse, enquanto me virava na direção dele, "mas é melhor você me nocautear", acrescentei, "porque se não fizer isso vou derrubar seu traseiro no tatame e estrangulá-lo!".

A sala ficou em silêncio.

"E então?", desafiei.

O professor me olhou nervoso do outro lado da sala, colocou as mãos nos quadris e riu enquanto me dizia em um tom de alerta: "Ah! Você não quer me chutar!".

"Quero sim", eu disse, falando com suas costas enquanto ele se afastava.

O que mais me surpreendeu nesse encontro foi que, em vez de reconhecerem que seu professor não aceitou meu desafio para provar sua afirmação, seus alunos aceitaram sua palavra de que chutes (o único objetivo de seu ensinamento) sempre anulariam um arremesso de judô. Ele então passou o resto do tempo do outro lado do tatame ensinando defesas "especiais" com chutes contra os arremessos do judô para provar para seus alunos que seu estilo era o melhor, e os desencorajou de ter o objetivo de aprender judô.

Embora esses casos negativos aconteçam com muita frequência, o fato mais comum é que o futuro aluno não tenha identificado *nenhum* objetivo. Um professor ético ajudaria o aluno a identificar um objetivo e seria honesto sobre se seu programa pode auxiliá-lo a conseguir ou não; em vez disso, muitos professores apenas falam sobre como seu dojô é ótimo e lhe dizem por que você deve entrar nele. Para ser franco, uma parte do que se desenrola em uma situação como essa é responsabilidade do futuro aluno. Se você não sabe o que quer do treinamento, ou escolhe um dojô só por ele ficar mais perto da sua casa, ou por ser o mais barato, você terá tudo o que eles oferecerem.

E falando no que eles têm a oferecer, todos os certificados nas paredes e listras em sua faixa não significam nada. O que eles conseguem fazer no tatame é o que importa! Eu sempre recebo um passa fora dos caras que anunciam que são "mestres de 10° grau famosos em todo o mundo"! Dã! Se você fosse famoso no mundo todo não teria de anunciar! Pessoas costumavam entrar no meu dojô e me perguntavam que grau eu tinha, e eu lhes perguntava o mesmo, "e qual o seu?".

A maioria respondia: "Nenhum. Eu nunca treinei antes".

Eu ria e dizia: "Bom, acho que posso lhe ensinar alguma coisa".

Não estou desmerecendo o grau – quando ele é conseguido com trabalho duro e perseverança, é significativo. Mas a maioria não percebe que os padrões e requisitos para o grau diferem drasticamente de uma escola para outra (falarei mais sobre isso depois), e o grau tem muito pouco a ver com a escolha de um professor. Muitos anos atrás, nós brincávamos que alguém fez o "teste JFK", querendo dizer que a pessoa deixou a Ásia com um grau inferior e em algum lugar sobre o aeroporto JFK foi promovido a 10° grau!

A triste realidade é que não vale a pena contratar os professores que empurram seu alto grau como sendo seu ponto de venda mais proeminente. Mas, lembre-se também, há muitos ótimos praticantes que são professores horríveis. Alguém ser ótimo no que executa não faz dele ótimo em ensinar isso para outra pessoa. A única forma real de fazer uma escolha informada é participar. Experimentar *o que* os professores têm a ensinar e *como* ensinam. Se eles não deixarem você experimentar algumas aulas antes de se inscrever, então têm alguma coisa a esconder e você precisa sair de lá.

Outro sinal de alerta é alguém querer todos os pagamentos antecipados. Parece um bom negócio, pois isso lhe dá um plano com um desconto enorme, mas por que um professor ia querer se oferecer por um preço inferior? Bem, ou porque ele não se importa se você desistir, ou porque sabe que você vai desistir. Se um professor não tem a confiança de que seu treinamento o manterá como aluno com o tempo, por que você deveria ter? Além de ser um mau negócio. Se alunos demais pagam adiantado, então não tem fluxo de caixa. Sem fluxo de caixa, é dificílimo sustentar um negócio. Vira um círculo vicioso de ter que conseguir cada vez mais pessoas para pagar o total para compensar uma falta de renda constante.

Você sabe que um dojô está com problemas se eles começarem uma venda agressiva aos seus membros que já pagaram o total por um prazo mais curto para aumentar para um plano de longo prazo e pagar o total de novo. Esses planos de longo prazo costumam ser chamados "programas faixa preta" e vão de três a quatro anos, dependendo de há quanto tempo o aluno treina. Algumas escolas oferecem até planos vitalícios. Uma mulher que se mudou recentemente para minha região veio à minha escola pedindo um plano vitalício para seu filho de 10 anos. Ela economizou uma grande quantia de dinheiro dessa forma na sua antiga escola e queria fazer o mesmo comigo.

Eu mostrei o óbvio. Como seu antigo plano vitalício era bom, se ela agora estava tentando a matrícula na minha escola (sem mencionar que isso era para uma criança de 10 anos que poderia resolver desistir no dia seguinte). Sua lógica era que seu filho ainda iria às vezes em sua antiga escola, como na minha, e que ela economizaria muito dinheiro.

Nem preciso dizer que eu sabia que ela nunca levaria o garoto de volta à sua antiga escola, pois a vida ficou atribulada demais para essa inconveniência e, embora tivesse confiança no meu programa, não estava convencido de que poderia manter meu aluno pela vida toda. Que inferno! Não poderia nem dizer que eu teria um dojô durante toda *minha* vida, que quase com certeza será mais curta do que a do filho de 10 anos dela!

Mas, para ser honesto, embora eu apenas oferecesse planos mensais, cheguei a pensar no caso. Digo, quem não gostaria de milhares de dólares pagos à força para você. Isso mesmo, à força. Ela não aceitava um não como resposta. Que vendedor eu era a convencendo a não gastar milhares de dólares! No fim, ela saiu sem matricular o filho, e acho que, em vez de gastar 200 dólares comigo, ela desceu a rua para o McDojô, que facilmente aceitou sua pilha de dinheiro.

Como sempre, atenção, consumidores! Muitos alunos apareceram naquele dojô alguns dias depois pagando por esses tipos caros de programas de economia de dinheiro, apenas para ter o choque de o encontrarem fechado e seu dinheiro sumir.

Eu vivi todas essas situações por anos e admito ter acreditado em alguns deles. Espero que eu possa ajudá-lo a evitá-los mostrando-os aqui, mas não se critique se você ocasionalmente cair neles também, pois eles me ajudaram, e o ajudarão, a esclarecer exatamente quais são seus objetivos de treinamento e quem é o professor certo para você. Como disse, esclareci depois meu próprio objetivo de treinamento como sendo aprender a me proteger de um modo realista e cheguei lá por tentativa e erro, com diferentes "maus" treinamentos.

Essas experiências me mostraram que eu só conseguiria aprender a me proteger usando um treinamento com base na realidade, não "apresentando" uma rotina coreografada de técnicas "contra" um "agressor" de acordo e que não oferecesse resistência, que conhecia a rotina e sabia como "desempenhar" para mim em resposta. Sei que isso soa ridículo, mas é como 99% dos instrutores ensinam.

Ainda fico perplexo como o público em geral fica empolgado com demonstrações em que o "agressor" dá um único soco para, depois, ficar congelado, enquanto o "grande mestre" faz um zilhão de técnicas na velocidade da luz contra ele. Ou como as pessoas não reconhecem, quando o "agressor" corre para o "grande mestre" de uma distância, digamos, seis metros, e no último segundo o "grande mestre" se afasta e com o toque de um dedo vira o cara, que o "agressor" apenas corre e faz um peixinho; o "grande mestre" não teve nada a ver com isso!

Uma vez, eu estava em um casamento, e um cara que tinha ouvido outro convidado contar que eu ensinava artes marciais se aproximou de mim."Ei, ouvi falar que você tem uma escola", ele disse animado, enquanto sentava do meu lado. "Eu estudo gung fu".

Eu encolhi na hora, sabendo que estava prestes a entrar no inferno! Veja bem, a maioria dos caras que dizem que estudam kung fu realmente quer dizer que dança e faz ginástica de pijama de seda achando que é uma arte de combate. Eles querem falar pelos cotovelos sobre como cultivam sua energia chi, fazem acupuntura toda semana, compram suas ervas no bairro oriental, fazem seu próprio dim sum e têm uma esposa chinesa.

Mas quando um cara branco pronuncia "gung fu" com um sotaque chinês, você sabe que está em maus lençóis. Eu digo "em maus lençóis" porque conversas com esses caras sempre parecem ser bate-papos longos, chatos e ridículos sobre a coisa mais obscura, esotérica e sobrenatural que você desejará nunca ter ouvido falar. E, só para constar, acho que o kung fu, o chi, a acupuntura e as ervas são ótimas práticas de saúde, e fiz todas, só não tenho estômago para a besteira que os praticantes fanáticos cospem.

"Ótimo", eu disse com um sorriso, procurando minha esposa pela sala, esperando ser salvo.

"Eu treino na cidade de Nova Iorque com um mestre incrível", ele continuou. "Ele é um chinês magro e velhinho, mas seu chi é tão forte que pode nocautear você sem tocá-lo!".

Juro por Deus que ele usou essas palavras! Para quem duvida, a internet está cheia de vídeos ridículos de chinesinhos de pijama "demonstrando" essa afirmação. Por favor, vá lá e morra de rir com os vídeos!

Agora, de vez em quando, deixo esses caras falarem, pois é bem engraçado, mas eu não estava a fim naquele momento, então cortei o papo. "É mesmo?", perguntei, tentando soar admirado. "Eu adoraria conhecê-lo".

"Ótimo!", meu novo amigo exclamou com um sorriso.

"... E lutar contra ele...", interrompi, vendo seu sorriso desaparecer na hora. "... Se ele puder me nocautear sem me tocar, fecho meu dojô, me divorcio, vendo tudo que tenho, me curvo, me mudo para a casa dele e me torno seu discípulo. Mas, se ele não puder, esmurro esse impostor imbecil e o humilho por fazer uma afirmação tão ridícula."

Nem preciso dizer que o papo acabou. Não só ele se recusou a me dar qualquer informação sobre como conhecer o "grande mestre", como também não quis pegar meu contato para organizar o encontro. Vi isso várias vezes: alunos que se apegam às suas crenças, em vez de quererem ver a validade dessas crenças desafiada.

Esse fenômeno de acreditar em feitos milagrosos é visto com muito mais frequência em público com demonstrações de quebra de tábuas, tijolos e concreto. Muitos viram esses tipos de demonstrações e, por causa delas, têm uma percepção distorcida das artes marciais. Embora uma atividade como a "quebra" possa ser considerada um treinamento para desenvolver foco e concentração quando feita de modo realista no dojô, a maioria das demonstrações públicas envolve uma exibição de, na pior das hipóteses, uma fraude completa e, na melhor, truques manipuladores.

A primeira questão refere-se aos materiais. O que a pessoa comum não percebe é que os "grandes mestres" fazendo as demonstrações mandam confeccionar tijolos e concreto para eles que podem ser tão sólidos quanto o aço ou tão fracos quanto pau-de-balsa. E, embora as tábuas de pinho sejam por natureza uma madeira mais fraca, elas também são cuidadosamente escolhidas baseadas em quanto mais secas e frágeis forem e por não terem nós. Soube de "mestres" que até colocam suas tábuas em um forno para secá-las e facilitar ainda mais a quebra delas!

Importante também é a largura em que elas são cortadas e em que direção está a veia. Uma tábua mais larga é mais fácil de se quebrar, assim como aquela com a veia na horizontal em vez de na vertical. Mas não são só os materiais em questão; é a forma pela qual eles são quebrados. A maioria das demonstrações de quebra que o público acha mais espetacular seria bem menos impressionante, se não fosse pela suspensão da crença envolvida e um entendimento de como a proeza é realizada para uma audiência.

Olhe atentamente e você começará a entender. O primeiro sinal de alerta é o uso de "espaçadores". Espaçadores são pequenas tiras colocadas entre os blocos ou tábuas para criar espaço entre eles. O público em geral suspende sua crença e não percebe que cada tábua ou bloco na verdade atinge e quebra o próximo. O que as pessoas estão vendo na verdade é que, quando o mestre atinge a tábua ou o bloco inicial, ele quebra o seguinte, que quebra o seguinte, que quebra o seguinte, e assim por diante. O golpe do mestre nunca penetra toda a pilha. Na maior parte do tempo, é um golpe descendente que trabalha com a gravidade para realizar o feito. Na realidade, impressiona muito mais um artista marcial quebrar duas tábuas ou blocos sólidos e reais sem espaçadores do que uma pilha de dez com espaçadores.

Como eu já disse, a quebra legítima feita no dojô é um grande treinamento para foco e concentração, mas deixe-me esclarecer que nada tem a ver com a habilidade da pessoa de se proteger de uma forma realista. E esse é meu maior problema com tudo isso. O público em geral e o futuro novo aluno são manipulados a não só acreditar que uma coisa tem a ver com a outra, mas também que quanto maior a habilidade de quebra, maior a habilidade de luta. Na verdade, esses artistas marciais quase sempre não têm absolutamente nada de valor para ensinar em se tratando de uma autodefesa realista. Lembre-se: não só as tábuas não reagirão, você também não vai, se isso for tudo o que estiver fazendo no seu treinamento.

Eu também vivi essa suspensão de crença em círculos budistas. Um exemplo que me vem à mente foi uma palestra dada por uma monja em um centro tibetano.

Agora, antes que você imagine um centro de meditação em Dharamsala com uma doce e magra vovó tibetana bebendo chá de manteiga com um sorriso amável e caloroso no rosto, quero que visualize uma mulher branca de Nova Jérsei, de uns 40 anos, com a cabeça raspada, usando um manto tibetano tradicional e falando com um arrastado sotaque sulista em voz alta. Mas divago...

Durante toda sua palestra, essa monja tibetana se referiu às habilidades sobrenaturais de seus professores tibetanos, e como essas habilidades estão disponíveis a todos nós por meio de nossa prática contínua. A audiência de olhos bem abertos ao meu redor se prendia a cada palavra. As pessoas exclamavam, impressionadas, enquanto ela falava sobre telepatia, levitação, mudança no clima com sua força de vontade e outras habilidades que seus mestres tinham e que todos nós poderíamos conquistar com a prática.

Ela terminou sua palestra com uma referência ao seu mestre tibetano, que ela dizia conseguir voar. Nesse ponto, levantei o braço.

"Você já o viu voar?", perguntei respeitosamente.

Ela pareceu incomodada. "Demora uma vida inteira para conseguir essas habilidades. Os mestres não gostam de mostrá-las, pois não querem que os novos praticantes foquem nelas e se distraiam da sua prática".

"Mas *VOCÊ* já o viu voar?", insisti, interrompendo-a enquanto ela estava prestes a interpelar outra pessoa.

"Falar mais sobre isso é a distração que eles temem ocorrer."

"Mas *você* trouxe essa 'distração'", protestei.

Seu rosto foi da frustração a um sorriso, como se ela se lembrasse de que eles a prepararam para caras como eu e de que ela precisava se manter no roteiro. "A prática requer uma mente aberta", disse em um tom condescendente e pacificador. "O Budismo não é uma prática para pegar pedaços de cada tradição. Deve-se estar disposto a escolher uma tradição e ser completamente dedicado a ela, a entendê-la. A compreensão vem com o tempo."

Tradução: você é visitante aqui, não faz parte da nossa tradição e traz consigo suas crenças. Então, ou se disponha a abandonar essas crenças e adotar as nossas (tornar-se um devoto cego), ou cale a boca, porque não quero que ninguém aqui seja influenciado por sua dúvida.

Enquanto ela começava a conversar com outra pessoa, levantei minha voz e falei por cima da voz dela. "Só precisava responder sim ou não."

Ela parou, parecia prestes a perder a compostura, se recompôs e me ignorou. Várias pessoas "gentis" ao meu redor se ofereceram para contar para mim como "passaram a acreditar" nos aspectos sobrenaturais da prática, mas eu educadamente me recusei a ouvir e saí de lá.

Esse tipo de situação não era uma novidade para mim. Na verdade, era assustadoramente familiar, pois a manipulação de aspectos e costumes culturais foi, e ainda é, uma forma comum de aversão, tanto nas artes marciais, como no Budismo, por professores que querem evitar tratar de um assunto.

O golpe mais usado nas artes marciais é o truque de "se esconder atrás dos mestres". Isso é demonstrado sempre que um aluno reclama sobre um problema para pagar sua mensalidade ou sobre o material ensinado, ou com mais frequência, que *não* é ensinado.

No meu caso, minhas perguntas eram sempre sobre algum material que eu queria aprender, mas não era ensinado. Queria ter uma listra na minha faixa preta para cada vez que um instrutor respondeu a minha pergunta com: "Vou ter de perguntar ao mestre". E então voltava comigo com: "O mestre o avisará". Isso não só nunca acontecia, como também era usado sempre que você fazia uma pergunta repetidas vezes, como uma forma de frustrá-lo e fazê-lo parar de perguntar.

Isso também poupava o instrutor, pois não era culpa *dele* se o mestre não dava uma resposta *a você*.

Se, assim como eu, você fosse persistente e se tornasse um pé no saco de marca maior, a resposta então viraria: "Você não está pronto" ou "Espere até subir de nível", o que não eram respostas, mas apenas formas diferentes de evitar a pergunta. Claro que se você perguntasse *quando* você *estaria* pronto, ou repetisse a pergunta quando subisse de nível, então toda a conversa voltaria a: "Terei de perguntar ao mestre".

Também enfiavam na sua cabeça que era falta de respeito perguntar ao mestre, e que fazer isso era um ato de traição, de forma que, se aparecesse uma rara oportunidade de perguntar diretamente ao mestre, você não ousava. Isso costumava vir depois de você ascender na hierarquia da faixa preta, quando na maioria das vezes acontecia de você dar *suas* aulas de *graça* como um requisito de seu "treinamento".

E se você tiver mesmo yin-yangs grandes o bastante para perguntar (como era o meu caso), a resposta sempre seria: "eu vou ensiná-lo quando estiver pronto!". Foi a percepção de que eu *estava* pronto, e ele não poderia admitir que não conhecia o material que eu pedia para ele me ensinar, que me levou ao meu primeiro seminário fora da organização (mais sobre isso depois).

Quando abri minha primeira escola, não me surpreendi quando fui instruído a usar esse tipo de tática de aversão para lidar com alunos difíceis. Mas *fiquei* surpreso quando o "grande mestre" me disse para que eu só frequentasse clubes de *striptease* longe da minha escola, para meus alunos não me verem lá e minha imagem não sofrer nenhum arranhão. Tive o grande prazer em responder a ele com meu melhor tom condescendente: "Eu não frequento bares de *striptease*, mas creio que isso funcione porque ninguém me disse que viu *você* em um".

Disseram-me também para nunca comer na frente de meus alunos, para eles pensarem que eu era um ser humano superior (juro que isso é verdade), e, em um tom mais leve, me disseram que eu poderia manter meu cabelo comprido (isso foi há muito tempo) porque Steven Seagal tinha um rabo de cavalo e era tão popular que seria bom para os negócios se as pessoas me associassem a ele (eu disse que isso foi há muito tempo!).

Tudo isso foram coisas divertidas, o que, no esquema das coisas, realmente foi bem ridículo; abrindo uma escola me coloquei dentro do círculo interno parecido com um culto, em que o nível de lealdade e subserviência esperado de mim ia além de qualquer crença. Em um exemplo, quando um cara em idade universitária que tinha treinado com o grande mestre desde os 5 anos de idade até o fim de sua adolescência se matou, nós fomos "impedidos" de ir ao velório ou ao funeral, porque ele foi um traidor por deixar o mestre para treinar com outro instrutor que deixara nossa organização.

Outra vez, um amigo meu, que também tinha acabado de abrir uma escola na organização e estava com dificuldades, encontrou-se com o grande mestre para perguntar se poderia adiar algumas obrigações financeiras para com a organização até ele ficar mais seguro. O mestre disse que não. Ele deveria pagar agora e aprender a "sofrer" para seu próprio bem e o bem da organização. Nunca vou me esquecer dele saindo do prédio para me encontrar com lágrimas nos olhos. Foi nesse momento que ele e eu decidimos deixar a organização.

Tudo que eu sempre quis foi estudar e ensinar artes marciais e tinha a esperança de ganhar a vida com isso. Eu era um cara crédulo, leal, e isso era sempre usado contra mim. Fiquei com a organização por anos, abri minha escola e saí em questão de meses. Embora eu pudesse ser muito leal, também era da minha natureza não aceitar nenhuma besteira, de modo que, no fim, quanto mais eles me atacavam, mais beligerante e antagonista eu ficava. Nos bastidores, estava me preparando para tirar minha escola da organização e incitando os outros (que estavam infelizes) a se juntar a mim (o que aconteceu). Em público, tornei-me um problema tão grande que o "grande mestre" até chamou minha esposa num canto e lhe disse que eu era a ovelha negra da organização e que ela precisava ajudar a me pôr na linha. Juro que foi ridículo assim!

Quando abri minha escola pela primeira vez, ela era uma das sete que chegaram ao núcleo da organização. Na ocasião, o grande mestre (que não dava mais aulas) me disse que logo teria dúzias de escolas que lhe enviariam dinheiro, enquanto ele ficava deitado na praia, aposentado, no Havaí. Bem, já se passaram 20 anos e ele nunca abriu outra escola nova. Na verdade, depois que saí e levei a maior parte da organização comigo, sua organização ruiu e se reduziu a apenas uma escola. Ele não só teve de voltar a dar aulas, como também teve que dar mais aulas do que nunca deu em toda sua carreira. O carma realmente é uma merda!

Sei que gastei muita tinta aqui falando mal dos professores, mas a realidade é que sem seu círculo interno de alunos fanáticos ao redor deles para levar adiante suas ideias e isolá-los de críticas, eles não conseguiram conquistar muito. Eles poderiam fazer o veneno, mas são as tietes que o servem e, assim como toda boa tiete, você pode acordar e perceber que foi usado. Então, tome cuidado com o que deseja, pois às vezes você acorda para um verdadeiro pesadelo!

7

Bons Professores Indo Mal

Um homem deveria primeiro se colocar no caminho que deveria seguir. Só então ele deveria instruir os outros.

Buda

Assim como há muitos falsos professores por aí, com seus fracassados seguidores cegos, há muitos outros instrutores que chamo de "bons professores indo mal". Isso começa com um professor que é genuíno e, de fato, é tão bom que os alunos param de focar no ensinamento e acabam cultuando o instrutor e disputando entre si para ser seu aluno favorito.

Não há afirmações sobrenaturais que precisam ser ridicularizadas, nem fuga das perguntas – apenas um bom trabalho feito e muito progresso. Tanto que os alunos desenvolvem uma reverência inapropriada pelo professor, o que se traduz em ações danosas.

Eu passei por isso uma vez ao frequentar um retiro de um dia na Tibet House em Nova Iorque. O professor que liderava o retiro era um autor famoso de muitos livros, *best-sellers* populares. Li seus livros e não só gostei, como também me beneficiei muito deles, então eu estava maluco pelo retiro.

O dia começou com o professor, que estava escondido em uma sala ao lado para criar mais ansiedade, entrando de forma repentina onde estávamos, fazendo todos na sala se levantarem de repente, como se nossas almofadas fossem elétricas e tivéssemos acabado de levar um choque na bunda! Não tenho problema em mostrar respeito por um professor, mas tenho um problema com professores que exigem respeito, ou conseguem isso se baseando em um comportamento ritualista, em vez de merecê-lo e deixar os alunos escolherem participar. O que me incomodou nesse exemplo foi a forma com que os alunos pareciam tentar competir uns com os outros para ver quem levantava mais rápido com sua entrada, como se fosse uma corrida. Isso me lembrou de como nas artes marciais os alunos pareciam competir pela predileção do mestre gritando mais alto "Sim, senhor", ou se curvando mais e por mais tempo para ele.

Quando o professor anunciou o fim da interessante e informativa sessão matutina, assim como aconteceu na sua entrada, todos no grupo (exceto eu, claro) se levantaram imediatamente com um pulo e ficaram parados, com a cabeça para baixo, desviando os olhos, as palmas juntas na frente do peito, enquanto ele passava pelo labirinto de estátuas voltando para a mesma sala onde ficou escondido. Quando ele estava fora da vista e todos expiraram e relaxaram coletivamente, fui direto para o banheiro, apenas para ser parado por um dos assistentes do professor na porta.

"Você vai ter de esperar", ele disse rispidamente, parando na minha frente e levantando sua mão entre nós. "O Lama está usando o banheiro e precisa de privacidade."

Agora, primeiro, deixe-me lembrar que esse não era um banheiro de uma pessoa, mas um daqueles com um número de cubículos que poderiam acomodar várias ao mesmo tempo. Como estava me segurando dolorosamente por algum tempo, eu não era um budista feliz naquele momento. Enquanto resistia ao meu desejo de "retirar" o cara do meu caminho e suplicava dizendo que eu estava sofrendo e precisava de... hã.. alívio imediato, o grande Lama saiu e consegui entrar correndo e fazer meu serviço bem na hora!

Ironicamente, questões relativas ao banheiro são usadas muitas vezes como ensinamentos no zen.

Um monge perguntou a Ummon, "O que é Buda?"

Ummon respondeu: "Esterco seco". (Um esterco seco era o equivalente naquele período ao papel higiênico. Eca!)

Esse koan indica que nenhuma atividade está fora do domínio da nossa prática, e até o que vemos como a mais mundana ou repulsiva é Buda! Que o que constitui o mundano e o sagrado são apenas ideias na nossa mente, separações e julgamentos que criamos. Então, lembre-se sempre de que limpar a bunda é uma prática tão nobre quanto se curvar a um altar, e que nós deveríamos pegar na nossa merda seca com a mesma estima e reverência que seguramos nossas japamalas. (Bem, talvez não literalmente *pegar!*)

Há um verdadeiro problema quando um professor e seus seguidores começam a decidir o que é ou não sagrado. Embora eu não esteja dizendo que o grande Lama soubesse, ou até fechasse os olhos ao modo como seu assistente se comportou comigo sobre o uso do banheiro, ele tem sim uma responsabilidade nessa atitude, pois isso surgiu do clima ao redor dele. Não sei se ele acha que é tão sagrado que não pode ficar de pé e mijar com meros mortais, mas seu seguidor com certeza achava, e isso é assustador, porque é o tipo de "santidade" que se torna racionalização e justificativa para aceitar um comportamento prejudicial.

Outra experiência de "bom professor indo mal" que tive foi com um professor de zen. Certa noite, no estacionamento do zendô, fui abordado por dois membros do sanga que me perguntaram se eu gostaria de me comprometer a fazer uma contribuição financeira mensal adiantada para ajudar a cobrir os custos com o plano de saúde do professor. Ele tinha acabado de largar seu emprego e desistiu de uma renda substancial, além de seus benefícios, para se dedicar à prática e ao ensino em tempo integral.

Fiquei furioso! Como isso poderia ser um comportamento sábio e habilidoso? Desistir de sua renda e benefícios quando você tinha uma família que dependia disso? Pedir ajuda para mim e para os outros para sustentá-lo? Eu não conseguia entender. Em vez de ser sábia e habilidosa, generosa e altruísta, sua escolha parecia completamente precipitada e prejudicial, gananciosa e comodista. Eu simplesmente não conseguia aceitar a audácia de ações como essas, e depois ainda pedir nossa ajuda para pagar por ela depois do fato, isso sem mencionar que ele mesmo nem teve a decência de pedir!

Eu disse não ao pedido e nunca mais voltei. Para mim, isso fedia a um desejo incontrolável. O desejo incontrolável parece ser um fio condutor comum, o que me leva a mais uma dessas histórias.

Um de meus autores budistas favoritos estava iniciando uma turnê literária. Ele mesmo financiava a turnê, dirigindo de um evento ao outro, que eram organizados por ele ou por seus leitores. Ficava com amigos e leitores ao longo do caminho, então fez um pedido em seu *blog* por ajuda para adicionar eventos em sua agenda, além de lugares para dormir depois.

Pirei! Como queria ouvi-lo falar há anos e sabia que ele não conseguiria ir para a Costa Leste e, quando fosse, não seria perto de onde eu morava, pensei em organizar um evento na minha cidade, lhe dar um lugar para dormir e eu, finalmente, conseguiria ouvi-lo falar!

Depois de confirmar uma data com seu "assistente" (mais sobre isso depois), eu logo consegui que um estúdio de ioga doasse o espaço, fiz pôsteres com dinheiro do meu bolso, pedi para um amigo escrever artigos promovendo o evento no jornal *hipster* e na revista eletrônica local, e fiz o que podia para divulgá-lo *on-line* nas mídias sociais.

Algumas semanas antes do evento, o autor me mandou um *e-mail*, pedindo que eu tentasse adicionar outro evento em outra data, que li errado como um pedido para transferir *nosso* evento para essa outra data. Eu lhe respondi sobre mudar o dia e recebi um *e-mail* furioso dele, que, por sua vez, me levou a ver meu erro e retificá-lo.

Eu então recebi um *e-mail* de seu "assistente", que dizia (e cito suas palavras): "Por favor, saiba que ele pode ficar confuso facilmente, então é importante não estragar nenhum dos novos planos. Não quero que você de repente lhe conte algo que você e eu não discutimos. Os problemas não devem ser passados para ele. O mestre é o convidado e o 'talento' que oferece seu tempo para você e sua comunidade, então é importante que você lide com todos os problemas sozinho".

Havia coisas mais importantes do que dar um grande evento para que possamos fazer isso de novo no futuro, e assim por diante. Sério? O mestre zen fica confuso facilmente? Por causa de um maldito mal-entendido em um *e-mailzinho* sobre uma confusão de datas? E quanto a de repente dizer para ele algo que não discutimos, embora tenha entendido mal seu pedido e respondido errado, causando confusão, eu estava respondendo para ele!

Ele me procurou primeiro, então como você vem me falar merda sobre não discutir coisas com você, para começo de conversa? Quanto a falar sobre ele ser um convidado e o "talento" oferecendo seu tempo, você meio que deixou de fora a parte que ele estava usando esses eventos para vender livros e fazer propaganda! Não jogue na minha cara como ele está oferecendo seu tempo, como se fosse caridade e ele não ganhasse nada com isso!

Então, nesse ponto, você imagina que essa história vai terminar agora comigo dizendo: "pro inferno com isso" e que cancelei o evento, certo? Bom, errado! Isso tudo é apenas uma introdução da minha história "quando bons professores vão mal".

O plano era para ele vir à minha casa e depois nós iríamos ao local, então, no dia do evento, entrei em contato com ele pela manhã, tentando descobrir a que horas chegaria e não tive resposta.

Eu finalmente recebi uma ligação dele às 18 horas, uma hora antes do início da noite de autógrafos, me dizendo que já estava no local e ia apenas esperar lá e pegar alguma coisa para comer. Ele também acrescentou: "Eu paguei por uma hora de estacionamento, tem algum lugar onde eu possa estacionar de graça?" Como eu sabia que o seu orçamento era apertado e entendia que o sucesso da turnê dependia de ele economizar nos gastos, lhe disse que o estacionamento e seu jantar ficavam por minha conta. Eu então falei que como ele estava com seu carro lá e viria para nossa casa depois do evento, nós iríamos a pé até o local e pegaríamos uma carona com ele na volta. Achei que nós dois tínhamos concordado com isso.

Depois do tanto de organização envolvida, fiquei feliz quando deu tudo certo no evento! Houve uma grande frequência, todos os livros do autor foram vendidos, juntamente com muitos de seus produtos de divulgação. Enquanto nós caminhávamos depois do evento, começou a cair uma garoa.

"Acho melhor irmos para nossa casa. Onde você estacionou?", perguntei.

"Então...", ele disse e pausou. "Vou sair com um amigo. Eu mando uma mensagem para avisar o que vou fazer depois." Depois disso, eles se afastaram.

Eu fiquei chocado. Ele nem nos ofereceu uma carona para casa antes de sair com seu amigo!

"Sem problemas, cara", eu disse enquanto eles se afastavam. "Nós vamos andando para casa na chuva."

Sinceramente, moro em Jersey Shore, a um quarteirão da praia, e nós adoramos tanto caminhar por ela que fazemos isso o tempo todo. Nosso lema é melhor um dia chuvoso na praia do que um dia ensolarado no trabalho, então tudo bem caminhar debaixo da chuva por um quilômetro. O problema foi a completa falta de consideração dele.

Eu e minha esposa, juntamente com um amigo que tinha ido ao evento, voltamos à nossa casa, comemos um pouco e conversamos enquanto esperávamos por ele. Então, de repente percebi que duas horas se passaram e eu ainda não sabia nada dele. Aborrecido, apenas mandei uma mensagem: "O que aconteceu?" Depois de esperar por mais uma hora, completando três horas que eu não tinha notícias, mandei outra mensagem. "Não é nada legal nos deixar esperando assim. Nós trabalhamos amanhã. Estou desligando meu telefone e indo dormir. Procure um hotel. Sinto muito que tenha de ser assim."

O que é que ele estava pensando? Que a gente ia ficar feliz sentado, esperando ele aparecer quando quisesse? Na manhã seguinte, acordei e vi uma mensagem dele que tinha enviado em resposta à minha última mensagem, que dizia: "Desculpe. Perdi a hora. Você ainda tá acordado?" Sério isso? Ele realmente pensou que, depois de tudo isso, eu diria: "Ei, obrigado por não ter um pingo de consideração e respeito. Agora seja bem-vindo à minha casa! Você quer um lanchinho ou que eu afofe o travesseiro para você?".

A grande ironia era que, durante sua palestra, ele resumiu a vida nos preceitos budistas como: "Não seja um babaca". Eu ia deixar barato (por ele e por minha própria prática) e escrever como entendo que ele é humano, que é apenas um companheiro budista tentando fazer o seu melhor, que talvez eu o tenha pegado em uma noite realmente ruim, que talvez ele estivesse passando por alguma coisa que eu não soubesse. Mas, mudei de ideia quando ele agravou ainda mais a situação vários dias depois em seu *blog* quando, ao mencionar o sucesso de sua turnê literária, escreveu:

> Eu posso ter de analisar como arcar com as despesas com hotéis. Uma das coisas interessantes que sempre vejo é que não importa se os estranhos com quem você fica são gentis e suas casas sejam agradáveis, eles ainda são estranhos e suas casas ainda são desconhecidas. Então, há um certo nível de estresse a mais em apenas se acomodar com outras pessoas, mesmo quando elas são pessoas perfeitamente agradáveis (como todos foram nessa viagem). Por outro lado, se eu tivesse de pagar um hotel todas as noites, jamais poderia arcar com uma turnê, visto o que eu ganho enquanto viajo. Então isso pode precisar de planejamento!

Puta merda! Sério? Foi difícil para você se hospedar com pessoas agradáveis? Foi estressante demais para você dar o cano na gente por três horas e não conseguir aparecer quando quisesse nas primeiras horas da manhã? Puxa, se realmente você precisasse de algum tempo para "pensar no assunto", então realmente é hora de você sentar e se calar!

Eu poderia continuar, mas acho que você entendeu.

Está bem, acabei de compartilhar muitas coisas negativas sobre algumas pessoas. Por que fiz isso? Porque foi minha experiência real e eu precisava compartilhar? Não. Lembre-se, este capítulo se chama "Bons Professores Indo Mal". Não quer dizer que eles sejam ou não bons professores ou boas pessoas; apenas quer dizer que professores vão mal às vezes, e tudo isso faz parte da experiência. Não estou afirmando que sou diferente! Na verdade, erro diariamente na minha prática – provavelmente cem vezes mais do que os caras de quem acabei de passar por cima! É muito importante que todos percebam que os professores são seres humanos que errarão e que nós não deveríamos colocá-los em pedestais ou lhes dar tanto poder sobre nós.

Dito isso, sinto que os professores deveriam pelo menos seguir um padrão ético. Ou seja, se eles forem casados, não devem dormir com seus alunos; devem evitar espalhar doenças sexualmente transmissíveis; não devem ser alcoólatras ou viciados nem devem usar mal os fundos de investimento. Essas são todas as coisas das quais alguns professores importantes foram culpados.

Podemos aprender com bons e com maus professores, ou mesmo quando um bom professor tem um dia ruim! Minha jornada nas artes marciais não consistiu apenas em encontrar um professor cujo treinamento tivesse uma aplicação realista e pudesse me ensinar como impedir alguém de acabar comigo; também consistiu em encontrar um professor que demonstrasse honestidade, credibilidade e integridade. Minha jornada no Budismo não foi diferente, pois, em vez de me importar com a hora certa de tocar um sino ou bater em um peixe de madeira durante a liturgia, eu queria aprender um método eficaz de lidar com os conflitos da vida para me tornar habilidoso em minhas respostas e útil em minhas ações. Não porque procurava por algo em que acreditar, mas algo para *fazer*. Queria uma prática que pudesse ser aplicada com eficácia à experiência, bem como um professor que demonstrasse essa aplicação em sua própria vida.

Precisei de muitos anos de "sim, senhor", reverências para mestres que não as mereciam e muitos gurus tradicionalistas para achar o que eu procurava; ou melhor, o que eu *não* procurava. Como observei antes, muitos instrutores de artes marciais ensinam um material inútil, que na verdade coloca seus alunos em perigo, em vez de deixá-los mais seguros, e muitos gurus empurram seus seguidores ainda mais para a ignorância e a ilusão, em vez de ajudá-los a acordar. Abandonei muitos mestres de artes marciais com um zilhão de listras na faixa, bem como alguns gurus budistas que receberam a transmissão e tinham os papéis para provar.

O treinamento e a prática na sua essência são sobre perda. Trata-se de romper com apegos, abandonar o que não for útil e nos livrarmos do que está no caminho, para vermos as coisas exatamente como são. Não importa se você é um artista marcial ou um budista, pois cada caminho é apenas uma forma de vivenciar a verdade, e a maior parte da verdade com a qual me deparei foi por causa do meu desejo de encontrá-la, em vez de por um professor tê-la ou ser honesto sobre *não* tê-la. Agora sei que muitos professores não possuem as respostas que quero, ou temem compartilhá-las por terem medo de me colocar em uma direção diferente, o que para eles significaria perder um aluno. Os professores realmente bons que encontrei não só me ensinaram tudo o que tinham para ensinar, como também me estimularam a deixá-los depois disso. Espero que meu tempo perdido o poupe de perder o seu.

8

Entregando os Pontos

Quando desisto da luta, significa que aceitei a técnica, aprendi a lição e tentarei aplicar o que aprendi na próxima experiência.

Ryron Gracie

Agora que eu discuti sobre encontrar o treinamento e o professor certos, e conversei sobre como "bons" professores podem ir "mal", é hora de examinar quando esse "mal" se tornou inadequado o suficiente para querermos terminar o relacionamento professor-aluno.

Uma das coisas mais difíceis de fazer na prática budista é romper com um apego. Buscamos e nos ligamos às coisas com as quais nos sentimos seguros e confortáveis, muitas vezes apesar de saber que são prejudiciais para nós. Então, quando você percebe que o professor e o treinamento são danosos, como aceita isso? E, melhor ainda, como você desiste? Sei que parece uma pergunta fácil de se responder, mas o relacionamento entre professor e aluno é complicado, assim como a dinâmica do cenário ao redor. Seja em um contexto de artes marciais ou budista, ao nos depararmos com essa situação, muitas coisas aparecem.

Antes de qualquer coisa, você está pronto para abdicar do seu grau e posição e começar como um zé ninguém em outro lugar? É fácil pensar que você não se importaria em ser um mandachuva em um lugar onde não queremos estar, mas a realidade é que nós nos orgulhamos das nossas conquistas (mesmo se o treinamento fosse inútil, pusemos muito trabalho duro nele), então desistir é difícil.

Eu conheço isso bem. Sempre busquei uma instrução nova, o que me tornava o cara novo no tatame, um lugar onde ninguém me conhecia nem sabia das minhas conquistas. Além disso, depois de ter minha própria escola por quase 15 anos, resolvi fechá-la, o que encerrou mesmo minha experiência de ser o chefão e garantiu que eu nunca mais fosse considerado daquele jeito. Embora continue a dar seminários e aulas particulares, faço isso nas instalações das outras pessoas e, embora seja tratado com respeito, é bem diferente ser um convidado no dojô de alguém, em vez de ser dono do meu.

No fim das contas, isso volta para nossa intenção. Se estamos mais preocupados em ter nosso ego afagado em relação à faixa que está amarrada na nossa cintura, ou onde nos encontramos na hierarquia da sanga, do que estamos com melhorar nossas habilidades com artes marciais, ou aprofundando nossa prática budista, nós nunca conseguiremos romper com nosso apego. Se eu consegui tirar várias faixas pretas repetidas vezes e colocar uma faixa branca para treinar em uma arte diferente, você também consegue mudar qualquer situação em que se encontrar. Dito isso, poucos têm essa atitude. As pessoas estão tão presas à posição na qual estão ou à faixa conquistada que, mesmo quando percebem que é besteira, elas não conseguem abdicar da gratificação do ego que vem com essa situação.

Uma história que ilustra esse ponto para mim foi quando um cara que tinha chegado à faixa marrom, e treinava há anos em uma escola próxima, marcou uma hora comigo para uma aula particular gratuita, pois estava interessado em sair de sua escola e queria ver o que eu tinha a oferecer.

Quando fomos para o tatame, pedi para ele me mostrar um pouco do que sabia. Depois de me mostrar os movimentos tradicionais usuais que você aprende nos primeiros meses, perguntei o que ele aprendeu a fazer contra uma faca. Lamentavelmente, as coisas não mudaram muito nas artes, pois ele citou uma página do manual do grande mestre. "Na minha escola, defesa pessoal contra armas só são ensinadas aos faixas pretas."

Eu perguntei se ele já tinha visto uma aula na qual os faixas pretas aprendiam com as armas. Claro que já sabia que a resposta era não, mas queria que ele chegasse à mesma conclusão que tive muitos anos antes. O rapaz pareceu ficar desconfortável e não aceitou bem eu lhe dizer que seu professor estava mentindo para ele, não só sobre ensinar aos faixas pretas, como também sobre conhecer o material.

Tentei amenizar o golpe dizendo que, mesmo se o que ele dizia fosse verdade, qual era a lógica do seu instrutor conhecer o material, mas escolher não ensiná-lo? Até acrescentei: "É bom que ninguém o tenha atacado com uma faca desde que começou a treinar! O que você teria feito? Pedir para o agressor esperar até você ser faixa preta e saber o que fazer?".

Nesse momento, percebi que isso era obviamente um ponto doloroso para ele, mas, a seu favor, ele continuou com a aula. Demonstrei-lhe várias defesas contra facas, armas de fogo e tacos. Expliquei como era minha filosofia de quanto mais cedo uma pessoa começa a trabalhar em algo, melhor ela ficará nisso no futuro, e que, embora ele tenha acabado de ser exposto ao material, essa hora de treinamento o tinha preparado mais para um ataque do que os anos que treinara na outra escola.

No fim, ele ficou na outra escola. De vez em quando fazia aulas particulares comigo, mas se justificou dizendo que não queria jogar fora tudo o que tinha conquistado saindo de lá. Vivi essa situação muitas vezes ao longo dos anos. É uma pena. Imagine como esse rapaz ficaria bom se treinasse com regularidade comigo, mas ele escolheu se importar mais em usar uma faixa de nível elevado em um sistema que não ensinava nada e ficar em uma escola que já quis abandonar.

Uma de minhas histórias favoritas da minha própria jornada é quando eu, também, estive em uma posição semelhante, anos atrás, na ocasião em que finalmente fiquei cheio de toda a exploração e manipulação feitas pelos grandes mestres com quem eu treinava, e decidi abandonar tudo e começar a ir em seminários.

Meu primeiro seminário foi fora da organização, com Dan Inosanto, um ícone no mundo das artes marciais, tanto por seu papel como parceiro de treinamento de Bruce Lee, como por ser um instrutor respeitado. Dan não era só especialista nos sistemas filipinos de artes marciais, que abrangem uma enorme variedade de técnicas de luta de mão livre, bastão e faca, mas também um aluno completo, dando o exemplo de sempre treinar e aprender. Ele provou isso colocando uma faixa branca de jiu-jítsu 30 anos *depois* de ter conquistado a fama mundial como mestre de artes marciais! Com todas as conquistas em artes marciais às quais ele poderia ter dado importância, em vez de se apegar a elas, Dan as deixou para trás e seguiu adiante em uma nova arte marcial. Sua humildade era inspiradora.

Eu tive uma demonstração pessoal de sua humildade naquele primeiro seminário. Quando o conheci, me curvei bem, com os olhos fixos no chão, e praticamente gritei: "Bom dia, senhor!" Esta não foi uma apresentação especial para ele, mas fui treinado a agir assim.

Fiquei chocado quando ele riu, me abraçou e disse com um sorriso: "Oi, sou o Dan".

Ao posarmos para uma foto, pensei em como os "mestres" que eu tinha acabado de abandonar exigiam que você se curvasse para eles, merecendo ou não esse respeito. Agora aqui estava um dos artistas marciais mais famosos e talentosos do planeta, me abraçando. Embora Dan merecesse muito mais esse tipo de tratamento que meus antigos professores, ele não poderia ter se importado menos em recebê-lo. O que descobri desde então é que todos os melhores professores não poderiam se importar menos também.

Nossas melhores lutas nos levam a nossas maiores vitórias. Embora nenhum de nós deseje o conflito, inevitavelmente, este é um desafio que nos força a procurar bem dentro de nós e achar nosso melhor. Então, se você não sabe se abandona um professor, lembre-se: você aprende mais desistindo do que jamais aprenderia ficando preso em seu lugar, pois quanto mais fica preso em uma chave e se recusa a desistir, mais vai se machucar.

9

Pare de Culpar o Professor Já!

Sua tarefa é descobrir o seu trabalho e, então, com todo seu coração dedicar-se a ele. Por seus próprios esforços acorde; você é o mestre. Nós mesmos devemos trilhar o caminho.

Buda

Depois de encontrar o treinamento certo e o professor adequado para ensiná-lo, a realidade é que o que você tira do treinamento depende completamente de você. Eu sei, eu sei. Só gastei tinta demais falando sobre como o treinamento dependia de encontrar o professor certo. Blá-blá-blá! Siga em frente. É hora de parar de culpar o professor e tomar toda a responsabilidade pelo seu treinamento.

Isso é contraditório? Claro que sim! Zen é bem contraditório. Você deve ser capaz de ver os dois lados. Ver a similaridade *e* a diferença, e também ver a similaridade *na* diferença, bem como a diferença *na* similaridade. Sei, meio clichê, estilo biscoito da fortuna ou Mestre Po demais para mim, também, mas isso não quer dizer que não seja verdade.

Deixe eu dizer de outra forma. O relacionamento professor-aluno e os resultados (ou falta deles) dependem de quem o professor e o aluno são como indivíduos e como eles interagem. E, para torcer seu cérebro um pouco mais, nossa definição como indivíduos depende completamente da dinâmica da interação, assim como a definição da interação depende completamente de nossas ações como indivíduos. Então, como já analisamos a parte do professor no relacionamento, agora vamos ver a nossa parte nisso.

Como falo tanto sobre situações verdadeiras, muitos têm a impressão de que acho que o treinamento que acontece em um dojô ou zendô não é produtivo, mas esse é um mal-entendido. O que acho *mesmo* é que o treinamento que não ocorre no contexto de um cenário realista, sob circunstâncias realistas, é improdutivo. Ou seja, desde que o material ensinado tenha uma aplicação realista e o treinamento aconteça em circunstâncias realistas para desenvolver essa aplicação, então, sim, o treinamento é *tudo*.

O treinamento é sobre ser proativo para criar um nível de preparo realista. O esforço que colocamos nele é tão importante, se não mais, quanto as técnicas. O treinamento realista é medido pelo trabalho duro com a técnica, com "duro" sendo definido como o esforço é utilizado. Treine com 50% do seu esforço, e você terá sorte de ter alguma aplicação eficaz da técnica quando o estresse de uma situação real tomar conta. Mas coloque 100% no seu esforço de treinamento e provavelmente conseguirá 50% de eficácia quando do vier a onda de adrenalina que aparece com uma situação real.

Não importa se simulamos bem as condições realistas, nós nunca estaremos completamente preparados para as circunstâncias espontâneas e inesperadas da realidade. À medida que aumentamos o esforço empregado no treinamento, criamos novos aspectos para a situação, que, por sua vez, cria um novo limiar para encarar o inesperado e responder adequadamente.

Um antigo ensinamento zen nos pede para praticar com urgência, como se "nossa cabeça estivesse pegando fogo", e que estamos errados em pensar que, quando nos deparamos com uma situação real, conseguiremos nos mostrar à altura da ocasião com um nível mais elevado de resposta do que treinamos. O que de fato acontece é que como *caímos* do nível onde treinamos, respondemos com basea em como treinamos. Devemos treinar com a mesma urgência com a qual queremos responder, e nosso esforço "com a cabeça pegando fogo" deve ser consistente.

Um mestre zen falou certa vez sobre como alguém que recita um sutra pela primeira vez o faz com atenção plena e uma internalização significativa e, então, à medida que essa pessoa o recita milhares e milhares de vezes, a atenção plena é perdida e o significado esquecido, pois isso se torna um hábito automático e vazio. Ele disse que devemos recitar todas as vezes como se fosse a primeira, como se fosse uma única vez, a mais importante.

Isso também vale para nosso treinamento de artes marciais. A maioria treina quase diariamente, e é fácil para nós cairmos no hábito de nossos esforços virarem automáticos. Isso acontece porque a maioria dos alunos de artes marciais vê seu treinamento do ponto de vista de que provavelmente nunca terão de enfrentar uma ameaça na vida real, em lugar de uma perspectiva de que, em todas as vezes em que eles treinam, estão treinando para aquela única vez que *enfrentarão* uma ameaça. Então, a cada vez que treinamos, devemos treinar como se fosse a única, a mais importante – como se nossa "cabeça estivesse pegando fogo".

No que diz respeito ao treinamento, a maioria nas artes marciais definiria e mediria o esforço mencionado na metáfora da "cabeça pegando fogo" como referindo-se à execução de habilidades físicas. Esse entendimento é verdadeiro em parte, visto que o uso de velocidade, agilidade, força, além da melhora e do refinamento desses atributos têm uma importância vital; no entanto, essas são mecânicas *nas quais* aplicamos o esforço – elas são os *resultados* do nosso esforço, não o esforço em si.

Então, se nós definimos o esforço como uma intensidade de energia aplicada, de onde vem essa energia? Como aumentamos sua intensidade? Buda disse: "Somos o que pensamos. Tudo o que somos surge com nossos pensamentos. Com nossos pensamentos fazemos o mundo". Essa declaração aponta para a realidade de uma forma muito mais profunda do que apenas aplicar nosso esforço, mas, nesse contexto, podemos entendê-la como identificar a mente como o lugar onde o esforço começa.

Vamos analisar a ação consciente e a inconsciente. Um exemplo de ação inconsciente é a respiração, enquanto um exemplo de ação consciente é decidir respirar de uma forma distinta. Desses exemplos simples, então, podemos ver que a aplicação da energia que nós chamamos "esforço" está enraizada na atenção plena. À medida que aplicamos essa atenção, ela cria intenção, que por sua vez motiva uma escolha. Essa escolha não só é adotar as ações necessárias para sustentar a intenção, mas também, conforme agirmos, trazer uma concentração aguda e maior intensidade para suportar durante sua execução.

Agora vamos ampliar o conceito do "cabeça pegando fogo".

Como observamos há pouco, muitos praticantes de artes marciais só consideram esse conceito quando ele se aplica a como praticam no zendô ou treinam no dojô, não no cotidiano. E, se eles o aplicarem em sua vida diária, muitas vezes é apenas nos momentos em que consideram importantes o bastante para assegurá-lo, ou vem como uma resposta frenética e desesperada a uma situação depois do fato. Foi desenvolvendo minha atitude nas artes marciais de estar preparado o tempo *todo* para *aquele* instante na minha vida, quando eu tivesse de lutar para salvá-la, que me levou a ver como, antes disso, estava selecionando e escolhendo meus momentos para "ser" budista, ou pelo menos estar atento.

Comecei a ver como não estava preparado para me ocupar de todos os momentos da minha vida de uma forma meditativa, o que, por sua vez, tornou minhas respostas menos adequadas e habilidosas nos instantes selecionados em que eu respondia. Isso me ajudou a ver que *cada* momento garantia a *mesma* atenção, que *todos* os momentos do meu tempo eram na verdade aquele único momento.

Devemos entender que cada instante é um momento "cabeça pegando fogo". Que devemos sempre utilizar nosso esforço, pois não importa se pareça mundano ou inconsequente, cada momento, e o que fazemos nele, é vital. Que o que estamos fazendo pode ser transformador e é uma oportunidade para criar um novo condicionamento útil. E, o mais importante, às vezes, o único benefício que criamos é o *hábito* de usar um esforço maior do que *atingir nosso objetivo* como um resultado de fazer esse esforço adicional.

Houve muitos, muitos momentos na minha vida em que, em vez de treinar ou praticar, eu preferiria ter ficado relaxado no sofá. Era nesses instantes que eu precisava focar na minha intenção e reunir um esforço maior para manter meu comprometimento. Sempre fiquei feliz por ter feito isso, pois, na maior parte das vezes, o treinamento ou a sessão de meditação acabaram sendo mais produtivos do que o normal. Mas, mesmo se eu tivesse uma noite ruim de treinamento ou meditação, o benefício consistente era que apareci, que treinei ou pratiquei, independentemente da qualidade, e, mais importante, que melhorei minha habilidade de aplicar esforço ao meu treinamento, o que por sua vez fortalecia minha disciplina.

Buda disse: "É melhor conquistar a si mesmo do que vencer milhares de batalhas"; e "A resistência é uma das disciplinas mais difíceis, mas é aquela que perdura para que a vitória final venha". Em um ambiente monástico, o dia do monge é controlado com uma rotina planejada de atividades que apoia seu comprometimento com uma vida meditativa. Não deve ser diferente para nós, leigos. Precisamos de uma rotina de atividades diárias que suporte tanto a disciplina da nossa prática como a própria disciplina.

Uma das minhas histórias zen favoritas indica os perigos de uma vida indisciplinada:

> Um fazendeiro trabalhava quando um mercador ambulante apareceu na estrada ao lado de seu campo, parou e o chamou. O fazendeiro, precisando de um intervalo de seu trabalho exaustivo, saiu do sol escaldante e foi para a sombra onde o mercador estava sentado, relaxando, inclinado em uma carroça que ele puxava.

> "Amigo", o mercador disse com um sorriso, "você gostaria de se ver livre de todo esse trabalho árduo?".

> Antes que o fazendeiro pudesse responder, o mercador levantou e, com um movimento suave, tirou um grande pedaço de lona de cima da carroça, revelando um diabo pulando enlouquecido em uma gaiola. O fazendeiro tropeçou em terror com a visão chocante. O diabo rosnava, a saliva pingava de suas presas, seus braços esqueléticos

saíam das barras da gaiola enquanto ele golpeava na direção do fazendeiro com suas garras afiadas.

O mercador explicou que o diabo estava agitado só porque não tinha nada para fazer, e que, se ele recebesse uma tarefa, não só ficaria contente em realizá-la, como também faria isso em uma fração do tempo que demoraria para o fazendeiro fazer. O mercador então pediu para o diabo terminar de arar a terra e voltar à gaiola.

Quando o mercador abriu a porta da gaiola, o fazendeiro gritou aterrorizado, mas o diabo pulou para fora e passou correndo por ele para o campo e começou a trabalhar em uma velocidade incrível, terminando a tarefa em minutos, em oposição às horas que o fazendeiro levaria. Este, empolgado com o que via, comprou correndo o diabo. Enquanto ele entregava todo seu dinheiro, o mercador o lembrou: "Lembre-se, todos os dias você deve dizer ao diabo o que fazer. Não deixe nenhum momento de fora".

Nas semanas seguintes a vida do fazendeiro era feliz, pois todas as manhãs ele dava ao diabo uma lista de tarefas desde a manhã até a noite, que o diabo realizava alegremente sem problemas. Um dia, um velho amigo visitou o fazendeiro. Eles foram para a cidade e se embebedaram. No dia seguinte, o fazendeiro acordou tarde. Enquanto gemia com a ressaca, de repente se lembrou do diabo. Ele pulou e correu para sua casa. Enquanto se aproximava de seu campo, ele gritou de horror, ao ver sua casa pegando fogo e que o diabo tinha empalado seus filhos em um longo poste e os assava na fogueira.

Agora, não estou dizendo com isso que, se não tivermos cada momentinho planejado com atividade, isso sempre levará a um resultado horrível (embora muitos de nós podemos nos identificar com o fato de que tempo livre em excesso pode ser algo improdutivo, até perigoso). Mas o que quero enfatizar é que nós nos questionamos se estamos usando cada momento com eficácia, bem como entendemos a importância da disciplina – especialmente, que a *prática* da disciplina é tão importante quanto o *resultado* dela. Que a disciplina em si é um resultado, e que o benefício que tiramos dela é este: a habilidade *de ser disciplinado*.

Passei muito por isso quando estudei regularmente com Noah em Nova Iorque. Na ocasião, eu trabalhava como investigador e meus dias começavam às 4 horas da manhã para sair em operações de vigilância e, frequentemente, elas duravam até ser a hora de sair de Jersey para Nova Iorque. Isso significava que, quando eu sentava em uma almofada para meditar, já estava acordado há 15 horas!

Às vezes me perguntava por que me dava ao trabalho, se na metade do tempo eu "pescava" durante a meditação, ou "viajava" durante sua conversa sobre darma. O que percebi era que só *chegar* lá era mais importante do que o que acontecia depois que eu *chegasse* lá, pois isso fortalecia minha determinação na prática e criava a capacidade de suportar essa determinação.

O incrível é que, muitos anos depois, agora tenho lembranças de seus ensinamentos que eu não conseguia compreender antes. Na época considerava minha prática meia boca, na melhor das hipóteses, mas agora a vejo como o momento mais importante da minha prática, pois criou a fundação sobre a qual permaneço sólido atualmente.

10

Belicismo:
a Disciplina da Disciplina

Se houver qualquer esperança para o futuro, ela com certeza deve estar na habilidade de olhar fixamente para o coração das trevas.

Autor Desconhecido

Um mestre disse uma vez: "Para estar realmente acordado, deve-se saber com qual respiração você foi dormir e com qual você acordou". Muitos nem conseguem imaginar ter uma atenção plena tão disciplinada para fazer uma coisa dessas; no entanto, não só a possibilidade de fazer isso está sempre lá, como também é com essa possibilidade que devemos ter um compromisso absoluto.

Nós sentamos em meditação e nos pedem para acompanhar nossa respiração. Quando recebemos essas direções pela primeira vez, parece fácil, mas nós logo aprendemos que segui-las é possivelmente a coisa mais difícil que já tentamos. Acompanhar a respiração não é só estar consciente dela, mas também estar consciente de cada pedaço da experiência, viver cada pequena sensação, desde a mais óbvia até a mais sutil.

A princípio, basta uma respiração ou duas para nós sermos varridos por nossos pensamentos. Com o tempo, conseguimos ficar concentrados com nossa respiração por períodos cada vez mais longos e levar nossa consciência a um nível mais profundo, apenas para descobrir que, qualquer dia desses, podemos ser varridos de novo por nossos pensamentos, como se estivéssemos meditando pela primeira vez.

Embora estejamos "apenas sentados", nós passamos a entender que "apenas sentar" requer esforço e diligência, às vezes cada pedacinho que temos a oferecer. Então, se "apenas sentar" é uma proeza tão árdua, do que precisamos para ter essa mesma atenção plena a cada segundo de cada momento e experiência nas nossas vidas? Do que precisamos para começar nosso dia com nossa respiração atenta ao acordar, ficarmos completamente vigilantes a tudo que vivemos em um determinado dia, respondermos a ele com habilidade, não causarmos mal e terminarmos nosso dia com nosso foco ainda tão agudo, que ficamos atentos à respiração com a qual adormecemos?

Esse tipo de comprometimento necessita de uma resolução precisa, uma perseverança destemida de determinação firme, uma tenacidade inabalável, um espírito tão feroz que não só nunca foge da adversidade, como também a abraça! Um tipo de comprometimento que aceita incondicionalmente o que cada instante tem a oferecer. Precisa do espírito de um guerreiro!

Uma antiga história zen fala de uma tenacidade assim:

> Certa vez, havia um senhor da guerra brutal, tão temido, que os povos fugiam só ao ouvirem seus planos de conquistá-los. Muitas vezes, esse senhor da guerra entrava em uma cidade e a encontrava vazia, depois de todos os seus habitantes fugirem, e a tomava para ele. Uma vez, enquanto ele entrava em uma cidade, ficou chocado ao encontrar um velho monge solitário no meio da praça vazia. O senhor da guerra considerou isso um insulto, desembainhou sua espada e gritou com raiva: "Monge! Você não sabe que está diante de um homem que pode trucidá-lo sem pestanejar?". O monge ofereceu resistência e sem a menor hesitação disse: "Você não sabe que está diante de um homem que pode ser trucidado sem pestanejar?". Depois de ouvir isso, o senhor embainhou a espada, curvou-se ao monge e partiu.

O caminho do guerreiro é a habilidade de permanecer presente sem medo, atento e concentrado no exato momento. Usar cada pedacinho de resiliência para aceitar incondicionalmente o que acontece, até a morte. E, embora nós provavelmente nunca correremos o risco de sermos trucidados com uma espada, o praticante de darma enfrenta a ameaça constante de ser trucidado por ganância, ódio e ilusão, e o artista marcial enfrenta a ameaça constante de ser "trucidado" ao ser atormentado na rua. A única forma de lidar com suas situações respectivas é perceber que os dois precisam oferecer resistência, como se *pudessem* ser trucidados sem pestanejar.

Vindo das artes marciais para o Budismo, era natural que eu me identificasse especialmente com a história de Buda preparando-se para lutar e derrotando a imagem maligna de Mara, bem como com o conceito de belicismo em geral, encontrado no darma.

Muitos artistas marciais esqueceram há muito tempo a palavra "marcial" e só focam na palavra "arte". As artes marciais como uma disciplina vieram do campo de batalha e, mais importante, da necessidade de perseguidos e oprimidos combaterem a tirania. E, embora agora nós usemos a palavra "vítima", em vez de"oprimido", e a luta tenha passado do campo de batalha para as ruas, o comprometimento necessário para encará-la continua o mesmo.

Assim como o artista marcial deve treinar para a realidade de uma ameaça verdadeira, o budista deve praticar para a luta da vida real contra a tirania de seu condicionamento reativo prejudicial.

Muitos alunos entendem mal a Primeira Nobre Verdade do Budismo e acham que Buda estava dizendo que *a vida toda* é sofrimento, quando o que ele realmente quis dizer é que a vida *apegada, condicionada,* é de sofrimento.

Meu professor, Noah, diz: "A dor é inevitável; o sofrimento é opcional". E, embora eu use muito os termos guerreiro, batalha e luta, quando falo sobre praticar o darma, e equiparar a execução prática do ensinamento de Buda com as táticas, conceitos e estratégias que aprendi com o treinamento em artes marciais, não quero sugerir que eu ache que a vida seja uma batalha constante, ou que a prática seja uma luta contínua. Pelo contrário, a maior batalha ou luta é quando *não* se vive como um guerreiro, quando se leva uma vida *despreparada*, pois, quem não se prepara para as batalhas não só acaba nelas, como também as perde. Ser um guerreiro é estar sempre preparado para lutar, ser proativo, nunca baixar a guarda, ter uma consciência aguçada e uma mentalidade concentrada o tempo todo; saber que em cada momento há a possibilidade de conflito. Se o guerreiro mantiver essa mentalidade, nunca cairá em uma emboscada, nunca será pego de surpresa. Vivendo com a compreensão e a aceitação de que em cada instante ele pode ser "trucidado", o guerreiro encontra equanimidade, pois negar ou evitar essa possibilidade é ser consumido pelo medo dela.

Embora eu esteja usando o exemplo do guerreiro para demonstrar como devemos encarar nossas vidas, o mais importante é que ele vale para como nós nos encaramos, pois o que superamos no nosso interior se traduz em como analisamos as coisas externas. Nossa batalha verdadeira é com o condicionamento prejudicial, encarando a ameaça constante do nosso apego às nossas ideias fixas e ao nosso comportamento habitual arraigado.

Os inimigos da ignorância e da ilusão estão sempre atacando, usando operadores secretos, como desejo e dependência, raiva e ódio. Ser um guerreiro é saber que há sempre algo a fazer na luta contra essa opressão. O inimigo da ilusão está tão profundamente entranhado, que devemos estar preparados a cada segundo de todo momento para seu ataque. Por isso, a luta real é quando *não* se tem uma mentalidade guerreira, pois *não* ter a mentalidade guerreira é ilusão.

A estratégia mais eficaz da ilusão, sua tática mais tortuosa, é nos fazer pensar que *não* estamos iludidos. Ainda pior do que não estar preparado para lutar é não perceber que há a necessidade de se fazer isso. Buda disse: "Aquele que luta pela verdade terá uma grande recompensa. Aquele que vence a si mesmo estará apto a viver. Aquele cuja mente está livre de ilusão permanecerá forte e não perecerá na batalha da vida. Lute com coragem e combata suas batalhas com vigor. Seja um soldado da verdade, e será abençoado".

11

Não Há Nada de Rotineiro nos Rituais

Eu defino "espiritual" como qualquer ritual que mexe com o espírito.

Shawn Christian Zappo

Não sou religioso, mas gosto de rituais. Gosto da ideia de conectar uma ação com a lembrança.

John Green

Mesmo sendo incrivelmente importante, nossa habilidade em ser disciplinado não nos levará muito longe por si só; precisamos aplicar nossa disciplina em ações que nos beneficiem.

Para começar, necessitamos identificar nossas intenções e, então, encontrar rituais específicos que as sustentem. Com nossa intenção definida e nossos rituais identificados, criamos uma rotina de prática usando-os. Antes de discutirmos isso, precisamos perceber que não há nada de rotineiro em uma rotina ou em seus rituais. Primeiro, precisamos entender que cada um de nós terá seu conjunto único de rituais e rotina na qual nós os praticamos, e segundo, eles nunca serão praticados da mesma forma duas vezes.

Está bem, nossa rotina jamais *será* rotineira! Não pode ser, como se, assim como tudo o mais, dependesse de condições temporárias e variáveis que nos desafiarão sempre a adaptá-la. Então, a parte mais importante de nossa rotina é não ter uma, ou melhor, tê-la fundamentada em mudanças. Com isso, podemos aceitar como a executamos, em vez de ficarmos frustrados com como *achamos* que *deveríamos* executá-la.

Criar limites rígidos dentro dos quais devemos ficar nos leva ao fracasso, mas, quando nos damos espaço para nos movimentarmos livremente, nunca ficaremos presos. Todos já ouvimos o ditado: "A parte mais difícil da jornada é o primeiro passo", mas discordo. Vi incontáveis pessoas começarem o treinamento de artes marciais e o estudo do darma, mas vi poucas continuarem. Especialistas disseram que demora algo em torno de oito semanas a seis meses para criar um novo hábito, dependendo do quanto essa atividade envolvida é simples ou complicada. Quanto mais difícil a atividade, mais adversidade se encontra ao participar dela, e por isso mais longo é o prazo para torná-la uma rotina. Bem, eu não chamaria as artes marciais ou o estudo do darma de simples, então diria que você está diante de um plano de seis meses.

Então, enfie na sua cabeça que, pelo menos nos próximos seis meses, você precisa manter um comprometimento, não importa o que aconteça. Sem desculpas. Doença, lesão ou cansaço – nada disso importa. Apenas faça. Não se preocupe como está indo enquanto faz. Apenas faça. Coloque sua bunda no tatame. Coloque essa bunda na almofada.

Essa atitude nunca pode mudar. Muito depois de o hábito ser criado, você ainda precisa lidar com aquela parte de si que quer relaxar, ou pior, desistir. Mantenha a rotina, ou você ficará preso resistindo *a* ela. Cogite, mesmo que por um momento, o pensamento de "não fazer" e você não fará. Você perde essa discussão consigo. Se dermos voz a "não fazer", nós ouviremos, pois é o caminho mais fácil. E a realidade é que, nesse momento, nós realmente *não* queremos fazer. A rotina, mais do que qualquer outra coisa, é fazer algo mesmo que não queira, então, se der uma folga, são grandes as chances de conseguir. Não faça isso!

Minha rotina diária começa com meditação, mas antes de eu explicar minha rotina, essa seria a hora de todos os outros autores budistas darem instruções de meditação.

Seria algo assim:

Encontre um lugar silencioso em sua casa, onde não seja incomodado. Depois de escolher esse local, enfeite-o com itens budistas significativos. Escolha uma hora regular. Uma boa hora para meditar é na calma do início da manhã ou tarde da noite. Peça aos outros moradores para respeitar o que você está fazendo com silêncio. Use roupas escuras folgadas e confortáveis. Desligue seu telefone ou outros aparelhos que possam distraí-lo.

Depois de sentar, preste atenção na sua postura. Ela não deve ser solta ou rígida demais. Você deve ficar confortável e relaxado, mas ainda alerta e desperto. Concentre-se na respiração. Deixe seus pensamentos fluírem. Se você achar que está sendo levado pelo pensamento, não se julgue por isso, apenas se lembre gentilmente de permanecer presente, voltando a acompanhar sua respiração.

Bem, você me conhece bem o bastante agora para saber o que vou dizer: *Pro inferno com essa bobagem!* Todos os livros, revistas e vídeos sobre meditação começam assim, e isso me deixa maluco! Eles sempre abordam o tópico explicando em grandes detalhes sobre como criar e controlar seu ambiente e, por consequência, a experiência.

Então, mantendo minha atitude baseada na realidade e contra o sistema, eu gostaria de abordar isso de uma perspectiva diferente. Qual a vantagem de apenas fazer algo em um ambiente propício para conseguir os melhores resultados possíveis? O verdadeiro teste é fazer sob circunstâncias que *não* sejam propícias!

Comecei a estudar com Noah em um estúdio de dois andares no Lower East Side de Manhattan, do outro lado da rua do clube CBGB's. O Bowery era sempre um espetáculo à parte misturado com um cortejo de pessoas e comportamentos – bêbados, viciados, *hipsters*, *punks*... E era sempre muito barulhento! Sirenes, buzinas, pessoas brigando, gritando, nada propício à calma!

Uma noite, durante todo o período da meditação, um cara na rua gritava: "Foda-se, seu filho da puta" repetidamente, o que, é claro, recebia a mesma resposta de outras pessoas na rua. Que ensinamento foi esse! Quem diria que se poderia encontrar equanimidade com um mantra como "Foda-se, seu filho da puta" repetido várias vezes!

Essa experiência, na verdade, era a norma. Em se tratando de Budismo, isso me confirmou o que eu já tinha percebido nas artes marciais: não importa o que você pode fazer, você deve conseguir fazer encarando as circunstâncias estressantes, caóticas e variáveis da vida, ou isso não serve para nada.

Como já falei muito sobre a luta como uma prática meditativa não ortodoxa, e mencionei coisas como surfe, *skate* e alpinismo como alternativas, outro desafio meditativo na minha vida é ser tatuado. Isso mesmo, ser tatuado é uma prática meditativa para mim.

Agora, antes de você gritar: "Foda-se, seu filho puta", e me rejeitar como uma pessoa completamente maluca, me escute. Nós sempre ouvimos que o que piora a dor – seja ela mental, emocional ou física – é evitá-la, que a forma de aceitá-la é entregar-se a ela. Bem, que modo melhor de testar essa teoria e desenvolver esse conjunto de habilidades do que fazer algo doloroso? Imagine tentar sentar em seu estado de felicidade eterna *new age* orquestrado no zendô com música *punk rock* no talo e uma agulha rasgando sua pele! Conseguiria? Adivinha! Você consegue!

Veja, sei que estou à margem com a maioria das minhas ideias sobre prática meditativa e estou quase fora da razão com essa. Mas, falando sério, fiquei maravilhado e bem feliz em conseguir manter uma qualidade meditativa da mente durante uma sessão de tatuagem. O motivo é que isso prova que a meditação funciona! Minha natureza muito cética precisa experimentar que o que faço na meditação "normal" pode ser assimilado nos extremos da vida, do cotidiano. É muito motivador e estimula meu retorno à almofada frequentemente, pois fortalece minha determinação na prática tradicional.

Por falar da prática tradicional, deixe-me continuar a detalhar minha rotina diária.

Eu saio da cama pela manhã e vou direto para a almofada. Isso não é tão fácil quanto parece. A manhã é dura para mim. Não porque sou algum tipo de baladeiro que sempre dorme tarde da noite – bem, não mais –, mas por causa de todas as minhas lesões.

Para começo de conversa, não durmo muito bem, pois a dor me acorda periodicamente a noite inteira, então fico exausto muitas vezes. Com a inatividade, meu corpo trava durante o sono e se retesa de noite, de forma que levantar é um processo árduo de alongamento e soltura, apenas para conseguir ficar ereto. Muitas vezes, fico todo torto e me arrasto para fora da cama como um homem idoso.

Na maior parte do tempo, a última coisa que quero fazer quando termino esse processo de acordar é sentar no chão na mesma hora, especialmente com as minhas pernas cruzadas. Mas mantenho minha rotina e me forço a fazer. Como mencionei antes, não há nada de rotineiro na nossa rotina, então em alguns dias sento por meia hora, em outros por apenas alguns minutos, mas medito. Minha experiência sempre foi que não importa o quanto resisto a princípio, fico sempre feliz por ter feito.

Minha rotina diária começa com meditação, mas a flexibilidade na minha rotina não está em *se* medito, mas, sim, *onde*. Como às vezes minha resistência em sentar na almofada é forte, em vez de lutar adapto minha rotina.

Eu tenho muita sorte de viver a um quarteirão da praia, então, quando a almofada não está à vista, a praia está. O ar fresco, os sons das ondas, o calor do sol e a maciez da areia servem como um ótimo lugar alternativo para meditar quando não estou a fim da almofada. Pode ser uma montanha, um bosque ou a praia – a natureza é uma ótima forma de sentir a união e a interligação sobre as quais os ensinamentos falam.

O interessante é que comecei a meditar na praia como uma alternativa, usando isso apenas como uma rede de segurança, por assim dizer, para me forçar a praticar; agora, no entanto, meditar na praia tornou-se uma parte tão vital da minha prática que, em muitos dias, pratico na almofada e na praia! Para o tradicionalista da meditação que está pirando agora... RELAXE! Também pratico zazen tradicional e kihnin (meditação em movimento) com uma sanga, além de estudo de koan e dokusan (entrevista particular com um professor).

Outra grande lição que se tira da meditação em lugares alternativos como a praia é que o apego aos símbolos da meditação podem ser prejudiciais. Como meditadores, é importante que passemos por um processo de examinar o apego e contemplar o papel que ele desempenha na nossa prática. Sem perceber, muitos praticantes têm uma crença defendida que adornos como mantos, altares, almofadas, estátuas do Buda e incenso tornam sua prática autêntica, pensando que essas coisas são o que legitimam sua prática.

Eu não era diferente. No princípio, meditar na praia não tinha a mesma sensação de autenticidade para mim. Depois de investigar isso, percebi que minha ideia de prática limitava-se a momentos, lugares e coisas "especiais", e que, por isso, separava minhas experiências em sagradas e mundanas, budistas e não budistas, meditativas e não meditativas.

Foi essa revelação que me forçou a transformar o que era uma prática meditativa limitada em uma vida meditativa expansiva, de ter meditações apenas momentâneas a viver com atenção plena a cada momento. E, embora agora pareça estúpido dizer que tive de descobrir uma "vida meditativa", e eu ainda ache que isso deveria ter sido óbvio para mim, não era. Na verdade, não foi só um choque, mas também bem deprimente perceber por quanto tempo descuidei tanto da vida e quanto deixei escapar pela minha falta de atenção.

Eu passei pela mesma coisa nas artes marciais. Foi um momento desolador quando percebi por quanto tempo treinei com pouca consciência do que realmente fazia, ou menos, ainda *não* fazia. Por que raios demorei tanto para ver que estava envolvido em um treinamento inútil com um mau instrutor? Muitos iniciantes na prática budista acabam com muitas perguntas. Por que fiquei tanto tempo em um mau relacionamento? Por que não larguei aquele emprego horrível anos antes? Como eu não disse nada por tanto tempo? Por que demorei tanto para finalmente fazer alguma coisa?

Pode demorar anos para responder a essas perguntas. Por isso é tão importante criar uma rotina de prática e manter-se nela, não importa o que aconteça. Quando começamos um treinamento ou prática, embora não estejamos procurando briga, provavelmente encontraremos uma, é o aspecto automático da nossa rotina, apesar de tudo que nos impede de sermos nocauteados.

Assim como um lutador entra em modo sobrevivência com base em pura vontade e memória muscular, o meditador deve criar comportamentos habituais que tomem conta de si quando o instinto de sobrevivência entra em ação. Quando um lutador de MMA recebe um golpe e cai, ele treinou seu corpo para reagir com uma tentativa de derrubada. Como ele está perdendo a troca de golpes e, em essência, a luta, uma derrubada de seu oponente o tira desse perigo e o coloca em uma melhor posição para sobreviver.

Não é diferente para o meditador. Quando o pensamento prejudicial nos atinge, e nós estamos sendo tirados de nosso estado mental sadio, precisamos entrar em um modo de sobrevivência arraigado que nos ajude a não perder a batalha e nos coloque em uma posição melhor para sobreviver à luta. A prática não se trata de aversão, separação ou indiferença. Trata-se de se comprometer e, sim, às vezes devemos atacar as batalhas da vida como um lutador faria. Muitas vezes, devemos entrar em modo de sobrevivência e confiar na vontade absoluta de nosso comprometimento e na memória muscular do condicionamento saudável e útil arraigado, criado por nossa disciplina, com nossa rotina.

Embora um artista marcial não busque uma luta e o meditador não procure problemas, a única forma verdadeira de desenvolver nossa habilidade de nos defendermos em uma situação de proteção pessoal, e de sermos mais habilidosos no modo como lidamos com nossas vidas, é pela experiência de fazer isso na realidade. Situações reais criam respostas reais. Quanto mais rotina tivermos, mais confortável ficaremos fazendo isso. E mais confortáveis ficaremos fazendo isso quanto mais nossas respostas forem aplicáveis na realidade.

Não é fácil! Como parte de nosso mecanismo de sobrevivência é evitar a dor e buscar prazer, precisamos tomar cuidado para nosso treinamento de artes marciais ou prática meditativa não se tornarem práticas de aversão em vez de comprometimento, nos ferindo no lugar de ajudar. Apenas passar pelos movimentos de técnicas coreografadas contra parceiros dispostos a lutar ou ler sutras, entoar cânticos, tocar sinos e bater em peixes de madeira, sem qualquer tentativa de aplicar isso de uma forma realista no cotidiano, nos deixam sem nada além de uma rotina vazia de rituais que nos deixa... bem, vazios.

A próxima parte da minha rotina é contemplar os ensinamentos budistas e minhas aspirações de integrá-los no meu cotidiano depois de meditar. Em termos mais simples, não começo meu dia sem me lembrar de *como* quero vivê-lo! Isso dá o tom para o meu dia. Não só cria um estado de espírito consciente de como preciso agir com tanta habilidade quanto eu puder, como também serve como critério durante o dia para quando não tiver essa consciência. Os ensinamentos e as aspirações que contemplo são uma mistura eclética de minha experiência budista. É bem direta, e muito dela você reconhecerá como algo que já conhecia e provavelmente pratica também, talvez com uma interpretação um pouco diferente. Na maior parte, é coisa de faixa branca – Budismo para principiantes, se preferir.

Lembre-se, este é o *meu* jeito de praticar, e estou compartilhando-o, não ensinando. Buda disse: "Seja uma luz para si mesmo. Não acredite em mim. Descubra sozinho". E digo: "O que, *ele* disse..."

Minha rotina diária começa com o reconhecimento das Cinco Lembranças, o que me dá reverência e gratidão por outro dia:

- Envelhecerei.

- Adoecerei.

- Morrerei.

- Perderei tudo.

- As únicas coisas que realmente posso chamar de eu ou minhas são as consequências de minhas condutas, fala e do meu pensamento.

Muitas vezes, o Budismo é mal interpretado como uma prática niilista, mas isso não poderia estar mais distante da verdade. As lembranças budistas listadas anteriormente nos mantêm em contato com a nossa mortalidade e a realidade das nossas vidas, o que, por sua vez, cria a intenção de apreciar cada momento e vivê-lo com o máximo de autenticidade que pudermos.

Para levar isso um pouco mais adiante, contemplo ainda que não há nenhuma garantia de envelhecer e adoecer antes de morrer! Devo encarar a possibilidade que, graças a algum acidente bem maluco, o momento seguinte possa ser meu último! Esse pensamento torna cada instante ainda mais especial para mim, e a realidade de ficar bem velhinho, doente e morrer parece boa pra caramba!

Depois das Cinco Lembranças, declaro como pretendo viver recitando as Cinco Aspirações. Muitos praticantes começam recitando as aspirações dizendo: "Rogo para que...", mas digo, "Vou...", pois prefiro a responsabilidade de transformar essas aspirações em ação habilidosa sobre meus ombros.

"Rogo para que eu...", a meu ver, sempre teve aquela vibração parecida com uma prece, como se estivesse pedindo a alguém ou algo além de mim para fazer aquilo pela minha pessoa, o que não combina nada comigo.

- Vou me livrar do sofrimento e viver sem preocupações.

- Vou ser sábio, generoso e carinhoso, em vez de preso em ganância, ódio e desilusão.

- Vou me libertar de meu condicionamento, do meu apego a ideias fixas, comportamentos arraigados e respostas habituais.

- Vou ser atento e presente, para minhas ações serem úteis e não prejudiciais.

- Todo o carma danoso já criado por mim, em virtude de ganância, raiva e ignorância imemoriáveis, nascidas da minha conduta, fala e pensamento... agora eu me reconcilio com tudo.

Sinto que é importante notar que mudei o fim da última linha da versão tradicional de "... agora vou expiar meus pecados" para "... agora me reconcilio com tudo". A mentalidade judaico-cristã de pecado e redenção, de que somos pessoas más implorando por perdão, não combina nada comigo, e expiação é uma prática dessas religiões que incluem esse sistema de crenças.

Prefiro usar a palavra "reconciliar-se", pois, em vez de ser um ritual para buscar a redenção de algo fora de mim, com base em vergonha e culpa, sinto que é uma prática de entendimento, aceitação e fortalecimento pessoal. A expiação é uma prática semelhante à areia movediça arraigada no sofrimento da culpa e do remorso. Com ela, você pode até se livrar de ser completamente engolido, mas estará sempre preso até o pescoço.

A reconciliação é uma prática na qual seu reconhecimento, aceitação e compreensão impedem que o arrependimento se torne remorso e a dor se transforme em sofrimento. A expiação nos impede de chacoalhar nossos braços e nossas cabeças em busca do esquecimento, esperando por alguém ou algo para nos puxar para fora, enquanto a reconciliação nos tira do buraco, nos eleva!

Isso é feito com os chamados Votos do Bodisatva, ou, como prefiro chamá-los, Comprometimentos. De novo, por causa da minha forte postura antirreligiosa, substituí a versão tradicional "Faço votos..." que é sempre usada por "Eu me comprometo...".

- Seres são inumeráveis; me comprometo a libertá-los.

- Ilusões são inexauríveis; me comprometo a extingui-las.

- A realidade é ilimitada; me comprometo a percebê-la.

- A iluminação é inatingível; me comprometo a alcançá-la.

O quê? Por que raios nós podemos libertá-los quando eles são inumeráveis? Extinguir o que é inexaurível? Perceber o que é ilimitado? Alcançar o que é inatingível?

Se podemos ou não podemos não é a questão. A questão desses comprometimentos é fortalecer sempre nossa própria intenção e determinação para a prática. Se você quiser salvar o mundo, deve primeiro salvar si mesmo. Esses comprometimentos me livram de viver a esmo por meio do meu condicionamento prejudicial de viver firmemente em um alicerce virtuoso, que por sua vez salva o mundo... de mim!

Não é fácil, então, para começar a atualizar esses comprometimentos, inicio me dedicando às Cinco Práticas de:

- Reconhecer que não estou separado de tudo o que existe.

- Ficar satisfeito com o que tenho.

- Tratar todos os seres com respeito e dignidade.

- Conceber uma mente que vê com clareza.

- Transformar o sofrimento em sabedoria.

Depois de fazer esses comprometimentos, não apenas recito, como também contemplo o Sutra Coração. O Sutra Coração é provavelmente o ensinamento mais famoso sobre vazio. Eu o acho imperativo para minha prática, pois entender o vazio é compreender que nada tem uma existência inerente; que tudo é temporário, por causa de sua dependência das condições transitórias, que sempre mudam; que tudo que tememos é uma ilusão. Ele desconstrói nossa percepção, nos libertando das ideias fixas de nossas crenças.

O Sutra Coração

Vendo claramente o vazio de todas as cinco condições, nós aliviamos completamente o infortúnio e a dor. A forma nada mais é que vazio, nada mais do que forma.

A forma é exatamente o vazio, o vazio é exatamente a forma. Sensação, conceituação, diferenciação, consciência também o são.

Todos os darmas são formas de vazio. Não nascido, não morto. Não impuro, não puro, sem perda, sem ganho.

Então, no vazio não há forma, sentimento, percepção, diferenciação ou consciência. Sem olho, ouvido, nariz, língua, corpo ou mente. Sem cor, som, cheiro, paladar, toque ou fenômeno.

Sem mundo de visão. Sem mundo de consciência. Sem ignorância e sem fim para a ignorância. Sem velhice e morte, e sem fim para a velhice e a morte. Sem sofrimento; sem causa de sofrimento. Sem fim, sem caminho, sem sabedoria e sem ganho.

Sem ganho, e desse modo vivemos sem obstáculos da mente. Sem obstáculos; logo, sem medo. Distante de todos os pensamentos ilusórios, isto é nirvana.

Eu o acompanho com um trecho de um koan importante para mim:

A Identidade do Relativo e do Absoluto

As coisas não são como parecem, nem são diferentes. Apegar-se às coisas é ilusão. Encontrar o absoluto ainda não é iluminação. Cada uma das esferas, subjetiva e objetiva, está relacionada e é, ao mesmo tempo, independentes. Relacionadas, mas trabalhando de formas diferentes, cada uma mantém o seu lugar. Cada coisa tem seu valor intrínseco e está relacionada a todas as outras em função e posição.

Desde a primeira vez que li isso, especialmente a frase, "As coisas não são o que parecem, nem são diferentes", me identifiquei com esse koan. Mesmo antes de ter uma ideia sobre o que queria dizer, eu parecia ter um conhecimento intrínseco daquelas primeiras poucas palavras e integrá-lo na minha prática foi vital. Ele fala para equilibrar nossa compreensão e experiência da verdade absoluta e relativa e não se apegar a nenhuma delas; para ver claramente que devemos cuidar da verdade relativa das coisas que surgem no momento, sem buscá-las ou evitá-las; para entender que a verdade máxima é que a existência depende de condições temporárias, e não há nada inerente nelas.

Um exemplo que adoro, que ilustra essa verdade e também cabe perfeitamente no meu ponto de vista das artes marciais, é analisar o que costumamos chamar de punho. Quando a mão fecha, um punho passa a existir. Quando a mão abre, ele deixa de existir. A verdade do punho é que ele existe apenas em relação às condições envolvidas com o fechamento da mão."Punho" é um conceito da mente, um rótulo convencional usado para descrever uma mão fechada; logo, o "punho" existe em um sentido relativo, mas a verdade absoluta é que ele não existe de forma inerente.

Meu ponto de vista é que, embora o punho não exista de forma inerente ("As coisas não são como parecem"), quando um lutador pega esse punho e soca um oponente no rosto com ele, e este não o bloqueia ou nem desvia dele ("Nem são diferentes"), resultará no nariz sangrando por todo o rosto. O punho pode ser uma ilusão, mas não negue a experiência de ser atingido por um!

Uma velha história zen salienta isso:

> Um aluno confuso decide que precisa sair de seu templo e seguir em uma jornada para encontrar a verdade. Ao se encaminhar para fora do portão, dá uma topada em uma pedra. Enquanto pula, gritando de dor, ele percebe que não precisa ir para nenhum lugar encontrar a verdade. Ela esteve lá esse tempo todo. Na realidade, ele acabou de dar uma topada nela!

Enquanto procura pela verdade absoluta, é melhor você observar por onde está caminhando relativamente, pois a existência pode ser vazia, mas, quando você dá uma topada nela, com certeza vai doer pra caramba! Eu então passo para os ensinamentos fundamentais básicos de Buda, apresentando as Quatro Nobres Verdades:

- O sofrimento existe.
- Há um início para o sofrimento.
- Há um fim para o sofrimento.
- Há um caminho para o fim do sofrimento.

Como observei antes, talvez um dos pontos mais mal interpretados dos ensinamentos do Budismo seja a primeira Nobre Verdade. Quando a maioria das pessoas a ouve pela primeira vez, elas acham que isso nos ensina a aceitar uma vida de sofrimento, o que não poderia estar mais distante da verdade! Sim, esse ensinamento aponta para o fato de que o sofrimento existe, mas mais importante, ensina como a vida em si é feita de experiências temporárias que continuamente vêm e vão e, por causa disso, há uma sensação universal de insatisfação.

É essa insatisfação que estimula nosso desejo de sempre buscar prazer e evitar a dor, o que, como a segunda Nobre Verdade nos ensina, cria nosso sofrimento!

A terceira Nobre Verdade então nos ensina que há uma forma de não sofrer, encontrada ao romper nosso apego com nosso desejo de buscar prazer e evitar a dor.

A quarta Nobre Verdade então nos ensina como podemos romper esse apego, que é praticando o Caminho Óctuplo. Antes de exploramos o Caminho Óctuplo de como vivemos, vamos ver primeiro os ensinamentos que identificam para nós as três Verdades que marcam a existência do sofrimento com o qual devemos viver.

A primeira Verdade é a dor. Nós temos um corpo e uma mente, que nos causam dor. Nós não sofremos por causa da dor em si, mas porque a evitamos.

A segunda Verdade é a mudança. Tudo é impermanente. Nós queremos ter a segurança de que nossas expectativas serão atendidas, mas não podemos, porque elas estão arraigadas em ignorância e ilusão. Queremos que a realidade corresponda a nossa ideia dela, então buscamos e evitamos coisas para experimentar e fazer corresponder. Quanto mais não corresponde, mais buscamos e evitamos coisas. Nós pensamos que essa busca constante de prazer e aversão da dor deixará em algum momento as coisas como queremos que elas sejam, mas, no fim, só ficamos presos em um círculo infinito de sofrimento. A ironia disso é que, se encarássemos as coisas como são, em vez de tentar transformá-las como queremos que elas sejam, não sofreríamos.

A terceira Verdade é a condicionalidade. A forma, o sentimento, a percepção, a diferenciação e a consciência são as condições que criam uma experiência que chamamos "eu". A partir dessa experiência, criamos uma construção do eu, uma ideia fixa de um eu permanente identificado com essas condições e apegado a elas. Por causa disso, sempre buscamos e evitamos essas condições em uma tentativa desesperada para nos sentirmos confortáveis e felizes.

Mas essa é uma má interpretação do eu e da experiência. Quando examinadas, essas condições são vazias, não tendo nada inerente nelas. O vazio não é uma lacuna ou o nada; significa apenas que não há nada permanente, o que vivemos é meramente baseado em condições temporárias. Nós aprendemos a ver que vivemos por uma construção que criamos, em vez de no momento presente da experiência. Vemos que o que observamos como nossa experiência, na verdade, somos nós vivendo o que *adicionamos* a ela. Vivemos o que achamos sobre isso, não como realmente é.

A ironia aqui é que nós passamos a praticar para nos transformarmos, nos liberarmos. Mas como transformamos algo em que acreditamos em fixo e permanente? Aí é que ficamos presos. Ao nos identificarmos completamente e nos apegarmos a essas condições temporárias, nós as tornamos permanentes. Quanto mais tentarmos mudar esse constructo do eu, mais apegados a ele ficamos. E, quanto mais ficarmos apegados a ele, mais o constructo se tornará o problema, o que por sua vez provoca um apego ainda maior a ele na tentativa de mudá-lo!

Ironicamente, a liberação que buscamos é encontrada não na tentativa de mudança do constructo do eu, mas simplesmente no abandono da nossa identificação com ele! Isso não quer dizer que não lidamos com a experiência que encaramos; significa que lidamos *apenas* com a experiência diante de nós e não adicionamos nada a ela. Não quer dizer que nós não existamos; nós apenas aprendemos que existimos de um modo diferente de como achamos.

Então, o sofrimento começa quando nós nos apegamos a uma ideia fixa de um eu permanente e sua busca pelo prazer e aversão à dor. O sofrimento termina quando rompemos com esse apego. Isso não é afastamento ou indiferença, mas um estado de consciência desapegada, por meio da qual podemos ser com experiência até sua conclusão natural sem tentar terminá-la prematuramente ou prolongá-la de um modo anormal. Nós aprendemos como começar a fazer isso encontrando o caminho do meio.

12

O Caminho do Meio é uma Droga, Mas Não é Tão Ruim Quanto os Fins

A vida é como a corda de uma harpa.

Se estiver muito frouxa ou muito tensa não toca.

Buda

O caminho do meio é incluir opostos, fazer uma síntese deles e, assim, alcançar o equilíbrio.

Taisen Deshimaru

Assim como o carma e o nirvana, o conceito budista do "caminho do meio" entrou para o vocabulário tradicional e, como os termos anteriormente mencionados, também foi mal interpretado e cooptado, inclusive no mundo budista.

O público em geral (e muitos budistas) criou uma imagem de viver o caminho do meio como sendo uma pessoa que consegue meditar com felicidade ou indiferença em um oásis, esquecendo-se do mundo ruindo ao seu redor. As pessoas acham que o caminho do meio é ótimo porque cria uma experiência de tudo estar bem, de se sentir bem, ou pior, de não sentir absolutamente nada.

Errado! O caminho do meio é uma droga! Isso mesmo, uma droga! Por quê? Porque é onde tudo fica real! É onde você faz a escolha de encarar as coisas de cabeça erguida, sentir cada pedaço, parar de buscar e evitar, e apenas estar lá. A forma correta de entender a expressão "tudo estar bem" é nós aceitarmos as coisas como elas são. Essa aceitação não se traduz em se sentir bem ou não sentir nada em meio a isso. Na verdade, se traduz em se sentir mal... e tudo bem!

Fique comigo agora. Se os dois extremos opostos da experiência são felicidade e sofrimento, então o meio desses extremos é satisfação ou dor. Se estivermos praticando o caminho do meio, quando encararmos um trauma, como a morte de um ente querido, embora nós possamos *saber* intelectualmente coisas sadias e úteis, tais como ele não sofre mais, ou sermos gratos por termos tido ele em nossas vidas, esse conhecimento não nos poupa da tristeza dolorosa de perdê-lo. O bem-estar que sentimos da prática do caminho do meio é que, embora fiquemos tristes, nós não transformamos isso em sofrimento. A ironia aqui é que, se sofrermos, é porque evitamos a tristeza, não pela tristeza em si. Ao tentarmos evitar a tristeza, na verdade nós só nos sentimos pior!

Isso também vale para a felicidade. Em vez de ficarmos satisfeitos com as coisas como são, queremos que elas sejam como desejamos. No lugar de ficarmos quietos na alegria que vem da gratidão e da estima, nós nos vemos buscando a melhor experiência de bem-estar, ou seja, a felicidade. E é essa busca constante da experiência máxima de bem-estar que nos leva a nos sentirmos mal. Como é ridículo sofrermos se o nosso bem-estar não é bom o bastante! Então, para piorar ainda mais, quando conseguimos essa experiência do bem-estar máximo, nós a arruinamos nos preocupando com o seu fim!

Veja, por exemplo, sair de férias. Você faz reserva com meses de antecedência. Pensa sobre isso muitas vezes enquanto aguarda este momento chegar. O tempo parece se arrastar por uma eternidade à medida que cresce seu desejo em partir em sua grande fuga. Sempre que você se depara com um momento difícil, sua mente grita como tudo será bom quando estiver de férias! Seu chefe o repreende... FÉRIAS! Seus filhos o enlouquecem... FÉRIAS! Alguém corta seu carro enquanto você dirige... FÉRIAS! A pessoa o xinga por você ter buzinado quando ela o cortou... FÉRIAS! O cão late... FÉRIAS! Chega a um ponto em que cada coisinha faz sua cabeça parecer que vai explodir se você não sair nessas malditas FÉRIAS... tipo ontem!

Então, finalmente, chegou a hora. O estresse da expectativa está no nível máximo, enquanto você corre para terminar as malas que jurou que estariam prontas uma semana antes. Você verifica pela terceira vez, freneticamente, se cuidou de todos os detalhes de último minuto. Onde estão as passagens! Cadê o táxi que não chega! NÃO PODEMOS PERDER AQUELE AVIÃO! Seu coração bate forte parecendo que vai explodir no seu peito! Você está pingando de suor! Está brigando com sua esposa enquanto espera embarcar no avião com impaciência. Depois do que parece ter sido uma eternidade, você finalmente embarca e cai no assento, exausto. O voo é horrível, pois a tela do seu assento não funciona e o cara ao seu lado está tossindo e espirrando, e a criança sentada atrás de você berra... *Só mais uma hora e vou estar de férias,* você diz para si mesmo, enquanto range os dentes para não berrar!

Finalmente o avião aterrissa! Por que todos se levantam na mesma hora? Você grita dentro da sua cabeça! Eles não sabem que assim fica mais difícil de sair da porra do avião? Minha fileira é na frente da sua...VÁ PRA TRÁS. ESPERE A SUA VEZ. ME DEIXE SAIR PRIMEIRO! A energia de que você precisa para sorrir para as pessoas enquanto secretamente planeja uma chacina está matando-o! Você mal consegue respirar enquanto passa pelo processo de pegar suas malas, achar o caminho pelo aeroporto e encontrar o transporte para o seu resort. Você encontra o transporte, chega ao hotel, passa impaciente pelo processo de *check-in*, joga suas malas no quarto, arranca suas roupas para revelar o maiô que você espertamente usou no lugar da roupa de baixo para não ter de perder nenhum segundo começando sua estadia no paraíso, corre para a praia, pega uma espreguiçadeira e, enquanto se deita com aquela primeira bebida estupidamente gelada com o guarda-chuvinha em cima, com a qual você sonhava há longos seis meses, vira para sua esposa e diz: "Não acredito que teremos de ir embora daqui a cinco dias!"

Eu gostaria de pensar que isso é um exagero, mas todos sabemos que não é. Quantas vezes nas nossas vidas perdemos uma coisa boa só pelo desejo de *não* a perdermos? O caminho do meio é simplesmente ficar onde você está com o que é, e não buscar ou evitar nada e piorar as coisas!

Mas o caminho do meio não se trata apenas de como nós vivemos uma experiência. O Budismo resume oito experiências principais que nós temos de viver, independentemente de nossas intenções e de nossas ações. São elas:

- Dor e prazer.
- Elogio e censura.
- Ganho e perda.
- Fama e má reputação.

Se estivermos vivendo nossa vida de um lugar de apego a nossas seleções e escolhas, preferências e julgamentos, à primeira vista, quatro dessas experiências parecerão boas ou saudáveis, e as outras quatro parecerão más ou prejudiciais. Mas quando nós vemos a uniformidade, a similaridade, nessas experiências, quando as compreendermos como dois lados de uma mesma moeda (ou possivelmente temos duas perspectivas em um assunto), observamos que a questão não é a experiência, mas nossa relação condicionada a ela, nosso comportamento habitual em reação a ela.

Compreendendo isso, vemos que toda a experiência pode ser vista com a mesma aceitação, a mesma equanimidade. Agora, isso não quer dizer que desejemos dor ou evitemos o prazer. Apenas que nós podemos ter *todas* as experiências sem adicionar nada. Quando há dor, não a evitamos. Não usamos táticas de aversão, como raiva e ódio. Nós apenas a sentimos até ela passar. Quando o prazer está presente, não o buscamos nos prendendo a ele e o desejando. Somente o aproveitamos até ele acabar.

Nós aprendemos a viver assim seguindo o caminho das oito práticas de Buda, definido como:

- Compreensão Correta.

- Mentalidade Correta.

- Fala Correta.

- Conduta Correta.

- Meio de Vida Correto.

- Esforço Correto.

- Atenção Plena Correta.

- Concentração Correta.

As primeiras duas práticas do Caminho Óctuplo são as práticas de sabedoria, trata-se da nossa compreensão e da nossa mentalidade. A Compreensão Correta refere-se à nossa compreensão do darma, das quatro Nobres Verdades e da natureza do sofrimento. A Mentalidade Correta refere-se a ter nosso pensamento fundamentado nessa compreensão, o que então dá origem a como pretendemos nos conduzir.

As três seguintes são práticas de conduta referentes a como falamos, agimos e ganhamos a vida. A conduta naturalmente serve para a ética ou a moral e, por isso, essas práticas costumam ser chamadas e podem ser resumidas na prática virtuosa. Mas não pense que essa é uma prática definida por julgamentos morais particulares com os quais a maioria concorda e adere. Essa é a coisa mais distante da prática budista. Há tantos caminhos de conduta diferentes quanto existem budistas, mas vou falar mais disso daqui a pouco; por ora, podemos entender que o objetivo da prática de conduta é não causar mal.

Precisamos ter cuidado, no entanto, pois as coisas que achamos úteis podem acabar se tornando prejudiciais, e aquelas que achamos prejudiciais podem ser úteis. É importante que nossas intenções sejam claras para ajudarmos a esclarecer os fatos. O que nos auxilia muito bem a esclarecer nossas intenções é fazer compromissos de conduta. Alguns praticantes os chamam de preceitos, alguns chamam de votos, mas prefiro denominá-los compromissos de conduta, pois para mim tira a sensação de moralidade religiosa disso. Os cinco compromissos básicos que a maioria das versões de Budismo seguem são:

- Não matar.

- Não roubar.

- Não ter má conduta com a fala, seja com mentira, rispidez ou uma conversa fiada.

- Não ter má conduta sexual.

- Não abusar de álcool ou drogas.

Esses compromissos expõem o que *não* fazer, e são considerados uma prática de renúncia. Essa prática nos ajuda a enfraquecer nosso condicionamento insalubre. Alguns professores dizem que só pensar na renúncia fará isso, mas essa não foi minha experiência. Nós podemos dizer que estamos renunciando a algo, mas, se o único motivo para não agirmos é simplesmente porque a oportunidade não aparece, na verdade, não estamos fazendo nada.

Na minha experiência, se você quiser enfraquecer um condicionamento prejudicial, precisa dedicar-se a ele, além de romper o apego ao condicionamento *durante* essa dedicação. A renúncia não é passiva; é uma ação, ainda que uma reação – mas uma ação por meio da qual em vez de não fazer nada, deve-se na verdade "não fazer". O ato de "não fazer" é o que para romper nosso apego ao condicionamento prejudicial e pararmos o mal que causamos aos outros e a nós mesmos.

Seja criando toda uma mentalidade que direcione nosso pensamento em um sentido diferente, ou fisicamente saindo de uma situação, o que fizermos para não agir é o nosso "não fazer". Isso pode ser feito no instante em que temos nosso primeiro pensamento insalubre, ou nos envolvemos pela primeira vez com um comportamento prejudicial, ou pode demorar minutos, horas, dias, meses ou até anos para fazer isso. E, embora seja óbvio que enfraqueceremos mais o condicionamento prejudicial quanto mais rápido nós rompermos o apego a ele, qualquer momento em que rompermos o apego é progresso.

Agora, se parece que estou dizendo que a prática é sobre errar, parar e dar passinhos para frente, para que na próxima vez que acontecer você errar menos e terminar mais cedo, a resposta é um retumbante SIM! Mas antes que você diga: "Pro inferno com isso!" e jogue o livro longe, me acompanhe. A descrição negativa e pessimista é verdadeira, mas é apenas parte da prática.

A renúncia é uma prática reativa que lida com pensamentos e comportamentos antigos e profundamente arraigados, então é importante perceber que ela demora e nós estamos em um caminho de prática, não de perfeição. Não devemos nos condenar quando tropeçarmos no caminho. Muitos praticantes colocam uma pressão tremenda sobre si para manter os compromissos de maneira perfeita, e, quando não conseguem, se punem desgraçadamente. Mas quando nós nos comportamos bem, em vez de nos punirmos pelo que vemos como uma prática faltosa, precisamos perceber que coragem e força são necessárias para conseguirmos romper com esse apego e parar no meio dele! Perseverar e superar uma adversidade como essa são práticas bem-sucedidas.

Eu comparo isso a um lutador sendo estrangulado. Quando um lutador é pego em um estrangulamento, ou ele luta e escapa, ou é estrangulado, ninguém diz que ele é uma porcaria de lutador, pois se compreende que todos nós seremos pegos em um estrangulamento de vez em quando; é a natureza da luta. O mesmo vale para quando somos pegos em nossos pensamento e comportamento condicionados antigos. Não ache que você é uma droga de budista! Todos nós seremos pegos de vez em quando, pois essa é a natureza da prática.

Lembre-se de que a prática de compromisso não deve ser um tipo de experiência condenatória no estilo fogo e enxofre, pecado e castigo, repleta de culpa. Pelo contrário: deve ser o exato oposto.

A prática de fazer e manter esses compromissos é apenas isso, uma prática. É um processo de aprendizado contínuo e infinito, fundamentado em compreensão, compaixão e perdão, principalmente de si mesmo.

Dito isso, a prática não absolve a pessoa de assumir a responsabilidade por suas ações, nem erradica as consequências. Na verdade, ela baseia-se completamente em assumir total responsabilidade por seus atos, bem como encarar as consequências de cabeça erguida, não importa se elas forem dolorosas. Isso nos encoraja a ir mais fundo nas causas principais por trás de nossas ações prejudiciais e fazer o trabalho duro necessário para nos livrarmos das camadas de condicionamento sob as quais estávamos presos. Não se trata de sucesso e fracasso; trata-se de uma transformação lenta e constante, apoiada pela bondade conosco, livre de qualquer autocondenação.

Esse não é um processo fácil de se acostumar. Antes, quando não honrei meus compromissos, isso me encheu de uma terrível autodepreciação, o que me levou a me "punir", não me permitindo praticar. Se eu quisesse meditar, não poderia, pois sentia que não era digno e não merecia praticar, com base em como "fracassei". Tinha essa crença de que precisava ser um "bom" budista para ter o direito de *ser* um budista. A ironia ridícula disso era que, nas vezes em que necessitava mais praticar, eu não me permitia!

A renúncia é um trabalho importantíssimo, no qual devemos ser diligentes, e ele pode ser doloroso e muito desencantador, mas, como disse antes, é apenas parte de nossa prática. O outro lado da moeda é criar uma prática proativa que nos ajude a elaborar um novo condicionamento útil e saudável, para que evitemos as situações que provocam esse velho condicionamento prejudicial e, quando enfrentarmos um gatilho, sejamos capazes de suportá-lo.

Agora, "evitar" não significa "não lidar com algo"; significa apenas que, se mudarmos nossos pensamentos e comportamentos para saudáveis e úteis, não nos veremos perto das mesmas pessoas e situações que deram origem a esses gatilhos. E, quando fizermos tudo certo, mas a vida nos jogar cara a cara com um velho gatilho, nós lidaremos de uma forma diferente da que estávamos acostumados.

Essa prática proativa de criar um novo condicionamento tem cinco compromissos básicos que se desenvolvem a partir dos cinco da prática da renúncia.

Em vez de apenas não matar, nós nos esforçamos em honrar a vida.

Em vez de apenas não roubar, nós usamos apenas o necessário e somos generosos com o que temos.

Em vez de apenas não ter uma má conduta com a fala, nós a usamos para sermos úteis.

Em vez de apenas não ter uma má conduta sexual, nós tratamos todos os seres com respeito e dignidade.

Em vez de apenas não abusar de álcool ou drogas, nós nos esforçamos em sermos atentos.

Há duas principais escolas de pensamento sobre os compromissos de conduta. Alguns budistas acreditam que elas são muito "preto no branco" e adotam uma visão muito rígida, sem espaço para desvios, enquanto outros budistas acreditam que nossos atos estão sujeitos à situação, e essa intenção por trás da ação é mais importante do que o ato em si.

Então, com isso em mente, vamos explorar os compromissos.

À primeira vista, todos os compromissos de conduta parecem bem diretos, mas a prática contínua revela muito mais para eles do que se pode ver. Veja os primeiros dois compromissos, por exemplo: não matar e não roubar. Na hora, a maioria diria para si mesma: *Tá bom, não mandei ninguém pra sete palmos debaixo da terra hoje, então isso consigo* ou *não roubei um banco hoje, então beleza,* mas, quando examinamos isso mais a fundo, vemos que matar e roubar são muito mais do que apenas tirar uma vida ou roubar um banco. Nós descobrimos que por um mal pensamento, fala e conduta matamos e roubamos tempo, relacionamentos, amizades, empregos, produtividade, emoções, e assim por diante.

Esse tipo de sutileza também é encontrada no resto dos compromissos de conduta. Em relação à má conduta de fala, muitos de nós não andam por aí contando mentiras deslavadas ou dizendo coisas ofensivas às pessoas, mas pensamos na nossa conversa fiada? Há um valor naquilo que falamos? Serve a um propósito ou é apenas um papo tedioso distraindo os outros e nós mesmos?

Talvez a pior má conduta de fala seja encontrada no que não dizemos. Quantas vezes permanecemos em silêncio quando algo precisava ser dito, aquilo que, embora fosse difícil de se dizer, teria ajudado outra pessoa ou nós mesmos? Ou talvez não tenhamos mentido, mas omitido informações, ou permanecido calados, sabendo que alguém formaria uma suposição que nos beneficiasse, embora saibamos que isso não é a realidade?

Um antigo instrutor meu fez isso, incrementando suas credenciais. Os futuros alunos ficavam bem impressionados quando ele dizia que treinava os delegados de polícia dos Estados Unidos. Embora essa fosse em essência uma afirmação verdadeira, todos supuseram que os delegados o procuravam e lhe davam um contrato como treinador de táticas para treinar *todos* os delegados; na verdade, ele apenas oferecia como voluntário seus serviços gratuitos todos os anos, juntamente com vários outros treinadores que faziam o mesmo para um treinamento de um dia no serviço para um pequeno grupo de delegados de uma cidade. Sei porque participei de sua equipe. Ele não mentiu, mas omitir informações para as pessoas foi uma má conduta de fala que foi propositadamente enganosa.

Os dois últimos compromissos parecem motivar mais discussão e desunião entre os praticantes. Buda disse que, se nós tivéssemos uma outra energia para lidar tão potente quanto a sexualidade, não conseguiríamos lidar com as duas, e ninguém se tornaria iluminado. Declaração bem forte! Mas vamos encarar, nossa sexualidade pode nos tornar maníacos em qualquer instante, e muitos de nós têm momentos dos quais não nos orgulhamos em relação a "se dar bem"! Mas "se dar bem" é realmente apenas uma parte dessa questão. Assim como matar alguém é a parte óbvia do compromisso de não matar, a parte óbvia desse compromisso, se você estiver em um relacionamento sério, é não trair! Porém, além disso, há também níveis mais sutis de prática.

Há tantas opiniões sobre sexualidade quanto há budistas; na verdade, o ato do sexo não é a questão. Desde que um, dois, três ou mais adultos consintam e sejam claros em sua intenção, honestos com seus parceiros e nenhum mal seja causado, não interessa se for homem com homem, mulher com mulher, homem com homem e mulher, mulher com mulher e homem, casal com casal. Vá fundo!

Agora, se a sentença anterior o incomodou de alguma forma, então este é o problema mais profundo encontrado na má conduta da sexualidade. Não se trata de ser crítico e fazer uma definição da sexualidade para todos seguirem nesse compromisso. Na verdade, é o exato oposto! É para tratar todos os seres com respeito e dignidade, independentemente de suas escolhas de vida em relação ao sexo, e, em um nível mais sutil, tratar todas as pessoas com o mesmo respeito sem a influência da sexualidade.

Tratar as pessoas de um modo diferente com base em como são atraentes ou em nossa atração por elas é um primeiro exemplo do dano sutil que a sexualidade pode infligir. Então, atraente ou não, todos devem ser tratados com o mesmo respeito e dignidade. Dê uma boa olhada nisso, e lembre-se sempre: por mais forte que você se ache, como um "pegador", quando você está humilhando uma garota por sua falta de sensualidade, outra pessoa o humilha pelo mesmo motivo!

Brincadeiras à parte, a triste realidade é que, na hierarquia de sensualidade, há sempre alguém acima e abaixo de nós, e o verdadeiro desrespeito é direcionado a nós mesmos, pois ficamos ansiosos para impressionar alguém que, na maioria das vezes, não está nem interessado! A atração física é importante, mas, se for apenas superficial, a coisa fica feia!

Bem, por último, mas não menos importante: embriaguez! Buda disse: "Não abuse de *qualquer coisa* que intoxique a mente" – as palavras-chave aqui são "abuso" e "qualquer coisa". Quando as pessoas aprendem sobre esse compromisso, elas pensam na hora apenas em álcool e drogas, mas há muitas outras coisas inebriantes das quais podemos abusar e que turvam a mente, por isso é tão importante notar o uso do termo "qualquer coisa".

Primeiro, deixe-me falar com todos os críticos que dirão que estou tentando justificar e racionalizar o uso de drogas e álcool. Você tem razão – estou. Porque esse compromisso fala de *abuso*, e não estou de forma nenhuma defendendo o abuso de álcool ou drogas, assim como não defendo o abuso de sexo, comida, jogos e assim por diante. Viu um ponto começando a ser revelado aqui?

Pode-se abusar de qualquer coisa! Até coisas saudáveis como o treinamento podem ser prejudiciais em exagero.

Neste exato momento, um crítico que está lendo isso está dizendo em voz alta: "Mas drogas e álcool têm um efeito mental e físico imediato no usuário que não pode ser evitado nem controlado". Quanto a isso também diria, você tem razão! Mas também diria que qualquer coisa de que abusamos e turve nossa mente faz isso. Então, o crítico falaria: "Mas, sob a influência, você não pode conter a si mesmo e seu comportamento negligente e danoso. Você deve esperar até se acalmar ou ficar sóbrio". Certo! Assim como alguém no meio de uma compulsão por sexo, pornô, comida, jogos ou compras deve se acalmar para ter a clareza necessária para parar.

Se você acha que estou fazendo um jogo de semântica, não estou. Na minha experiência, o colapso mental e emocional que estimula e sustenta o desejo desenfreado e acompanha um vício ou uma experiência compulsiva não difere pelo ato de escolha.

Minha escolha para droga é a raiva. No meio de um surto de raiva, posso sentir a mesma experiência de perda da faculdade ou cegueira temporária descrita por alcóolatras e viciados em drogas. Perco o controle e o pensamento racional, ajo de forma prejudicial, sem capacidade de parar, e provoco consequências sem perceber isso na ocasião, às vezes nem me lembro do que fiz depois. Muitas vezes, o único momento em que consigo recuperar a atenção e o controle é depois de a raiva começar a se dissipar, assim como alguém sob a influência fica lentamente sóbrio.

Embora alguém com problemas com drogas e álcool possa ver isso como uma atenuação do que eles passam, nada poderia estar mais distante da verdade. Estou apenas dizendo que outras coisas podem ser tão cáusticas quando abusadas, e que há budistas que usam álcool e drogas sem um efeito nocivo.

Isso nos leva a outra parte importante desse compromisso que é vital para compreender: não abusar.

O abuso é definido por nossa intenção, pelo "porquê" do que fazemos e pela conduta subsequente que acompanha essa intenção, ou "como" agimos. Ficar bêbado, drogado, transar, assistir a filmes pornôs, apostar, comer demais, não comer, comprar ou até meditar como mecanismos de defesa baseados na aversão, ou como formas de ataque, serias típicos da intenção nociva associada ao abuso. O importante é *por que* estamos fazendo isso e *como* estamos fazendo, não importa qual seja o ato.

Sempre fico perplexo com quantos vícios outros praticantes deixam de fora da lista e também quantos eles não veem como uma questão nas suas vidas. Por exemplo, durante os encontros da sanga, muitas vezes testemunhei praticantes vocalizando seu compromisso como sendo apenas sobre álcool e drogas, com a abstinência como única opção, e depois saírem para acender um cigarro ou consumir uma porção enorme da coisa mais prejudicial à saúde do cardápio de um restaurante, se nós saíssemos para comer.

É irônico que muitos praticantes não percebam que vários de seus professores budistas favoritos – pessoas que eles colocaram em pedestais, cujos ensinamentos citam e cujas reputações glorificam – eram bêbados, mulherengos, predadores sexuais e adúlteros; mesmo assim, eles criticam o budista comum por fazer algo em suas vidas pessoais que não causa mal a ninguém.

Então, se você vier até mim, saiba que sou apenas um budista, bem casado por mais de 20 anos e gosto de tomar um vinho com minha esposa no jantar e alguns drinques com meus amigos quando estamos assistindo ao UFC. Posso não ser um professor budista muito estimado, mas prometo que não vou passar a mão em você em uma reunião privada, nem dar em cima da sua esposa, então, brindemos a isso!

Se formos realmente honestos conosco, veremos como, em níveis sutis tão diferentes, causamos mal aos outros e a nós mesmos! Não só é chocante quando vemos isso com clareza, mas também pode ser devastador pensar em todo o trabalho que teremos quanto a isso!

A boa notícia é que, em alguns dias, o melhor a fazer é não matar ninguém, nem roubar um banco, enquanto em outros, faremos nosso melhor, com uma habilidade surpreendente de levar amor, bondade, compaixão e alegria a cada aspecto de tudo o que realizarmos. Manter uma consciência da nossa prática dos compromissos, e mantê-los por si sós, em qualquer nível, é vital, pois, desde que você não jogue a toalha, sempre terá uma chance na luta.

Então, o que dificulta tanto manter esses compromissos? O Budismo identifica cinco experiências separadas e as chama coletivamente de "obstáculos":

- Desejo.
- Aversão.
- Sonolência.
- Agitação.
- Dúvida.

Agora, essas experiências sozinhas não são prejudiciais; a questão é o nosso apego a elas. Quando apegados a essas experiências, cada uma tem um resultado comportamental danoso.

O desejo manifesta-se na dependência, na ânsia e na busca. A aversão manifesta-se na raiva e no ódio. A sonolência é enganosa, pois, embora denote sono ou cansaço, trata-se mais precisamente de preguiça, ou uma falta de energia para fazer algo útil e benéfico em apoio a nossa prática. A agitação refere-se a nossa incapacidade de acalmar nossa mente e aponta para o medo e a preocupação como as principais causas. O último obstáculo é a dúvida. Isso se refere especialmente a ter dúvida sobre os benefícios da prática budista, ou ter dúvida de nossa habilidade de fazer a prática.

Para mim, chamá-los de obstáculos minimiza como essas experiências podem ser danosas à nossa prática e às nossas vidas, se não lidarmos com elas sabiamente. Usando meu lado lutador, prefiro chamá-las de "ameaças" e nossas respostas a elas de "contra-ataques". De novo, essas experiências só se tornam ameaças por causa de nosso apego a elas e às ações prejudiciais à saúde que acompanham esse apego. Em resposta a elas, nós evitamos ou rompemos com esse apego usando os seguintes "contra-ataques":

- Nós contra-atacamos o desejo encontrando satisfação no modo como as coisas são.

- Nós contra-atacamos a aversão encontrando aceitação no modo como as coisas são.

- Nós contra-atacamos a sonolência com a concentração.

- Nós contra-atacamos a agitação com atenção plena.

- Nós contra-atacamos a dúvida com paciência e confiança, enquanto seguimos adiante na prática e desenvolvemos a convicção em nós mesmos e na prática.

As próximas três práticas no Caminho Óctuplo são meditativas, ou, como prefiro chamá-las, as práticas de disciplina mental do Esforço Correto, da Atenção Plena Correta e da Concentração Correta.

Antes, falei do esforço no contexto da intensidade e da urgência com o qual nós o aplicamos. Agora, abordarei o que especificamente aplicamos a ele. Os ensinamentos budistas descrevem quatro aplicações específicas para o Esforço Correto. A primeira é prevenir estados mentais insalubres como ganância, ódio e desilusão. A segunda é romper o apego a eles quando surgem. A terceira é criar estados mentais sadios como sabedoria, generosidade e amor. E a quarta é manter esses estados mentais sadios.

Traduzindo essas aplicações do Esforço Correto para o contexto das artes marciais, quando encaramos uma situação em que temos de nos proteger, a primeira é aplicada para prevenir pensamentos negativos, a segunda para deter os pensamentos negativos quando eles aparecem, a terceira para criar pensamentos positivos e a quarta para mantê-los. Fazer isso requer atenção plena e concentração.

A Atenção Plena é um campo geral de consciência, uma manutenção de atenção pura. É a habilidade de estar presente com o que há no presente, dentro e fora de nós, sem julgamento. A proposta da Atenção Plena é desconstruir a experiência a seu nível mais condicionado, para que possamos experimentar as três características da existência: o não eu, a impermanência e o sofrimento, para ver a diferença entre a realidade e nossa ideia dela; toda experiência condicionada é insatisfatória no final das contas e não se encontra um eu permanente em nenhuma experiência condicionada.

Isso não quer dizer que, para sermos atentos, devemos pensar bem; na verdade, é o exato oposto. Quando somos atentos, abandonamos os pensamentos involuntários e aleatórios que o cérebro continuamente lança e não adicionamos de modo intencional mais nada, além de lembretes suaves da prática, como lembrar de voltarmos à respiração quando percebermos que fomos invadidos por pensamentos involuntários e não estamos mais presentes.

Como observado antes, minha grande queixa sobre a Atenção Plena é que, de acordo com alguns praticantes, certas disciplinas são práticas válidas, enquanto outras não são. O tai chi, arranjos florais e arco e flecha estão na lista, por exemplo, mas MMA, jiu-jítsu, surfe, alpinismo ou cagar não estão. Quer dizer, como você *não* pode ficar extremamente atento ao que acontece no seu traseiro, e se acontece rápido ou devagar, se é constipação ou uma diarreia explosiva?

O que todas essas práticas têm em comum é que elas são consideradas de algum modo mais "espirituais" do que outras, e que elas são esmeradamente lentas. Pela minha experiência, é muito mais difícil estar atento em uma circunstância caótica e acelerada comparada a uma que seja propícia a isso, e que *todas* as atividades, em vez de atividades específicas, são práticas atentas. A Atenção Plena não trata da velocidade da consciência; é sobre a consciência da experiência na velocidade dessa experiência.

Embora a Atenção Plena nos dê consciência no momento, é a concentração que costuma aplicar um foco agudo em um objeto ou atividade naquele campo geral de consciência. Uma grande explicação da concentração na Atenção Plena é imaginar que você está no teatro, assistindo a uma peça. Pense em todo o palco iluminado como a Atenção Plena e o holofote posicionado em um ator ou em um detalhe no palco como a concentração: a Atenção Plena dá uma visão de toda a peça e nós a usamos para direcionar nossa concentração e foco em uma parte específica dela. As duas práticas mentais equilibram uma à outra, pois a Atenção Plena precisa da concentração para acalmá-la e estabilizá-la, e a concentração precisa da Atenção Plena para direcioná-la e informá-la. Trabalhando juntas, essas duas práticas criam a oportunidade para uma compreensão maior e discernimento.

E, é claro, há algumas ótimas histórias zen para ilustrar mais a importância dessas práticas.

A primeira é a história de como o professor zen Suzuki sempre dizia aos seus alunos: "quando comer, *apenas* coma". Um dia, logo depois de falar isso, os alunos ficaram horrorizados ao vê-lo na cozinha lendo o jornal ao mesmo tempo que comia. Quando eles o confrontaram, ele só riu, dizendo: "Quando você ler o jornal e comer, apenas leia o jornal e coma".

O humor sempre foi uma forma intensa de apresentar uma questão zen, como uma outra história demonstra.

> Dois monges caminhavam juntos, quando chegaram a um rio. Uma bela mulher se aproximou deles, obviamente tentando descobrir uma forma de atravessar o rio sem molhar seu belo quimono.

"Não se preocupe, senhora", um dos monges logo disse. "Eu carrego você."

O segundo monge observava incrédulo enquanto o primeiro monge atravessou o rio com a mulher no colo e a colocou no chão. Eles então continuaram sua longa jornada de volta ao monastério.

Depois de caminhar por horas em silêncio, o segundo monge não conseguiu mais se conter e explodiu: "Como você pôde fazer isso? Nós monges fazemos votos de celibato! Nós nunca deveríamos nem olhar para mulheres, que dirá tocá-las ou carregá-las nos braços! Como pôde?"

O primeiro monge respondeu: "Irmão, você ainda a está carregando? Eu a coloquei no chão horas atrás".

Minha contribuição a esse gênero de narrativas zen é uma história de umas férias que minha esposa e eu tivemos. Ao meu redor só havia mulheres de *topless* – na espreguiçadeira perto de mim, nadando do meu lado na piscina, sentadas perto de mim no bar, na fila da comida. Por vários dias eu estava enlouquecendo, virando meus olhos enquanto dizia para mim mesmo para não olhar, apenas para encontrar meus olhos plantados... bem, na firmeza deles. Eu me senti culpado por meu desejo de olhar e com raiva da minha incapacidade de não olhar. Por fim, lembrei da história do Suzuki, ri, e disse para mim mesmo: *Quando você olhar para os seios, apenas olhe para eles.*

Embora eu seja a favor de ser completamente atento a seios, talvez seja melhor que comece a falar sobre a prática de Atenção Plena de um lugar mais tradicional. Então, vamos esquecer os seios e encarar as coisas de peito aberto. Desculpe, não resisti!

Os ensinamentos tradicionais começam com os quatro fundamentos da Atenção Plena. O primeiro é forma. A forma é definida como as portas do sentido do corpo e seu contato com o mundo material: olhos, ouvidos, nariz, língua, corpo e mente. Nós testamos e experimentamos o processo em vez do conteúdo – significando que vemos sem olhar, ouvimos sem prestar atenção, sentimos cheiro e gosto sem saborear ou sentir repulsa, tocamos sem discernimento e temos pensamentos sem pensar.

Simplificando, isso significa que nós vivenciamos o processo sem acrescentar nada a ele. Nessa prática, nos ancoramos com consciência da respiração, o que nos impede de sermos invadidos pelos pensamentos aleatórios que o cérebro constantemente tem. Ao fazermos isso, desconstruímos a experiência a seu nível físico e a vivenciamos assim. Nós ficamos presentes e sentimos as sensações corporais de estar, por exemplo, preso, solto, o quente, o frio, a palpitação, a pulsação, sem adicionar nada a isso, como classificar a experiência como boa ou má ou anexar uma história ou um julgamento a ela.

Ao não adicionarmos nada e apenas vivenciarmos as manifestações físicas, vemos as condições temporárias que compõem a experiência e como elas estão sempre variando e mudando. Nós rompemos nossa identificação com o corpo, que por sua vez rompe nosso apego aos conceitos de eu ou meu. Fazemos isso contemplando o caráter repulsivo do corpo, pois não importa como ele pareça no exterior, o corpo de todos é igual no interior. Não importa se uma pessoa é ou não sensual exteriormente, todos temos o mesmo pus, sangue, bile, ossos, nervos, tendões, ligamentos, excrementos, e assim por diante.

Nós também contemplamos os ensinamentos de Buda sobre a velhice, a doença e a morte, aceitando nossa impermanência e a inevitabilidade do nosso destino. Quando vivenciamos isso, conseguimos romper o apego ao corpo.

O segundo fundamento da Atenção Plena é a sensação. Como é o nosso contato com o mundo material? É agradável, desagradável ou neutro? Quais são as condições temporárias que criam essas experiências? Se compreendermos que nossos sentimentos surgem dessas condições temporárias, podemos entender que não só não há necessidade de irmos atrás delas ou evitá-las, mas também que ir atrás delas ou evitá-las é o que nos faz sofrer. O discernimento que vem disso é que não precisamos nos identificar nem nos definir por como sentimos ou pela nossa reatividade condicionada, pois as sensações não são o que somos, mas apenas experiências transitórias que nós observamos enquanto elas vêm e vão.

O terceiro fundamento da Atenção Plena são os estados mentais. Em que estado mental estamos por causa da nossa experiência de contato e sentimento? É de bondade amorosa, compaixão ou alegria solidária? Ou é de ganância, ódio ou desilusão? É uma experiência de equanimidade, de felicidade ou de agitação? Nosso estado mental é sadio ou insalubre? Quais são as condições temporárias que criam essa experiência? E, de novo, em vez de identificarmos e nos definirmos por elas, nós as vemos pelo que são: experiências temporárias baseadas em condições variáveis.

O quarto fundamento envolve todos os outros eventos e fenômenos, incluindo o darma. Usando essa prática e nossa compreensão dele, contemplamos o funcionamento da mente e o darma. Nós contemplamos as condições do eu, que são forma, sensação, percepção, diferenciação e consciência, além dos obstáculos do eu, que são desejo, aversão, agitação, sonolência e dúvida, e a experiência resultante.

Nós estamos sentindo a experiência verdadeira do momento presente ou o que adicionamos a ela? Estamos vivenciando a memória passada ou a preocupação futura? Estamos adicionando uma resposta emocional exagerada por uma situação passada, o que nos afasta da experiência presente, tornando impossível lidar verdadeiramente com o que acontece agora? Nós vemos a interdependência de toda existência, bem como a relação entre mente e o mundo material? Vemos nosso apego? Podemos ver através de nossa desilusão? Podemos encontrar a iluminação?

Assim como o zen diz que "não fazer" é o que precisamos *fazer*, diz também que "não ter um objetivo" é nosso objetivo. Alguns levam isso muito ao pé da letra. Não só não há nada de errado em ter o objetivo de alcançar a iluminação ou conquistar uma faixa preta nas artes marciais, mas também, se formos honestos, por que raios nos colocaríamos em uma provação tão angustiante, se não tivéssemos esse objetivo?

Se aprendemos alguma coisa até agora, no mínimo deveríamos entender que o objetivo não é o problema, mas nosso apego à sua busca sim. Você se lembra, como expliquei, que os caras que pregam que as artes marciais jamais devem ser usadas fazem isso como uma forma de racionalizar que eles não podem utilizá-las? Bem, talvez essas pessoas que falam tanto sobre não querer a iluminação façam isso para racionalizar por que não são iluminadas.

Não estou sendo rude, apenas realista. É muito mais fácil desistir do que perseverar. Lamentavelmente, a maioria dos praticantes de artes marciais desiste como um resultado de interpretar mal o que a iluminação e a faixa preta realmente significam. Então, a seguir vou bater nessa tecla. Entendeu? *Bater!*

13

Iluminação da Faixa Preta

Um faixa preta é apenas um faixa branca que nunca desistiu.

Anônimo

O verdadeiro significado da iluminação é observar com olhos não ofuscados todas as trevas.

Nikos Kazantzakis

Um aluno de artes marciais aproximou-se de um mestre e disse com sinceridade: "Estou completamente dedicado a estudar seu sistema. Quanto tempo vai demorar para eu dominá-lo?"

"Dez anos", o professor respondeu calmamente.

"Mas quero conquistar o domínio mais rápido do que isso", o aluno respondeu ansioso. "Vou dar mais duro do que qualquer um! Praticar todos os dias. TODOS OS DIAS. Quanto vai demorar então?"

"Vinte anos!", o mestre urrou.

Depois de encontrarem o professor certo, o material adequado e enfim entrarem no tatame ou sentarem na almofada, a maioria dos artistas marciais e dos alunos budistas acha que a parte difícil já passou. Muitos se tornam focados em seu objetivo final, que nas artes marciais é a cobiçada faixa preta e no Budismo é a iluminação, e acham que, quanto mais duro trabalharem, mais rápido atingirão seu objetivo. A história no início deste capítulo aponta para o fato de que, quanto mais você deseja algo, quanto mais persegue isso, mais evasivo se torna.

Muitos alunos acham que, com quanto maior for o fervor, melhores serão os resultados. Bem, sinto lhe dizer, mas, em vez de chegar à parte mais fácil da jornada, agora você precisa de paciência, pois acabou de iniciar um processo infinito, dolorosamente lento, de cometer erros, corrigi-los e cometer outros. É um processo de desafios destruidores do ego, obstáculos que sobrecarregam a mente, impactos, machucados e lesões... E é a coisa mais gratificante que você jamais fará! Muitos começam, mas poucos duram.

Não estou falando dos McDojôs locais, que entregam faixas pretas para crianças de 5 anos, onde, se você tiver um limite alto o suficiente no seu cartão Visa, com certeza será promovido; onde você realmente poderia aprender tudo o que eles têm a ensinar em alguns meses, mas eles o enganam ensinando um novo kata inútil de vez em quando. (Nota: um kata é uma rotina de dança solo coreografada de "técnicas".)

A maioria dos sistemas tem uma exigência de dez a 15 katas para promoção de grau, assim como cada um tem seu próprio kata. O ridículo é que você poderia aprendê-los todos nos primeiros meses, mas então não haveria mais nada a aprender, razão pela qual eles só lhe ensinam um a cada alguns meses. A ironia é que o kata é a coisa na qual eles colocam mais ênfase, como um requisito básico para o grau, aquilo que você passa a maior parte do tempo fazendo, mas é completamente inútil para a autodefesa).

O triste (e assustador) é que esses McDojôs, que fazem a troca rápida de grau para qualquer um que possa pagar, têm muito sucesso. Por quê? Porque eles fazem o que deveria ser um caminho dificílimo, que poucos são capazes de seguir, parecer ridiculamente fácil, o que por sua vez atrai todas as pessoas que nunca conseguiriam seguir com um treino legítimo. Na verdade, eles exploram e fortalecem as fraquezas que as artes marciais deveriam erradicar. Ou seja, dão às pessoas uma saída fácil e depois as recompensam por adotá-la. Para cada faixa preta de jiu-jítsu brasileiro dada, há milhões de faixas pretas McDojô vendidas; ou melhor, bilhões...

O que levanta a questão: o que deveríamos conseguir, como e por que é tão diferente de um professor para outro?

A maioria não percebe que há muito pouca, se é que há alguma, regulamentação para instrutores, seja competência de habilidade ou investigação de antecedentes criminais; nem há muita padronização do material ensinado ou algum consenso sobre o que constitui ganhar o grau. Na verdade, a faixa preta difere tanto de uma escola para outra, que a faixa preta de uma poderia não ser melhor do que a faixa branca da outra! Sim, é ridículo assim! Mas, antes de discutirmos as diferenças entre faixas pretas, precisamos abordar algumas concepções errôneas *sobre* a faixa preta.

A primeira questão a esclarecer é que a maioria dos alunos de artes marciais acha que conseguir uma faixa preta é o auge do treinamento, pois ela representa o nível mais elevado de competência. Com base nessa ideia, eles supõem que sua conquista seja a recompensa por ter completado seu treinamento. Nada poderia estar mais distante da verdade. A realidade é que a faixa preta representa o *início* do treinamento, pois o processo de conquistá-la é um teste de dedicação e perseverança pelo qual apenas alguns alunos conseguem passar.

Ao mesmo tempo, o processo extirpa aqueles alunos que não conseguem. Como diz um velho ditado: "Muitos sobem no tatame, poucos ficam". Outra forma de ver isso é quando me perguntam: "Quanto tempo leva para uma pessoa comum conseguir uma faixa preta?" Eu respondo: "Uma pessoa comum *nunca* conseguirá uma faixa preta".

Conquistar uma faixa preta é uma declaração de que você não é uma pessoa comum, que você é um dos poucos que ficaram, um dos poucos que perseveraram e continuaram completamente comprometidos por todo um processo árduo que trouxe consigo uma coação extrema. É uma declaração de que desistir nunca é uma opção para você e de que o treinamento é um estilo de vida, em vez de ser um passatempo de meio período. Deixando de lado o nível de habilidade e a qualidade do treinamento, a faixa preta representa que você enfrentou sua própria verdade, combateu os demônios que o teriam feito desistir e venceu. Isso não é o mesmo que dizer, no entanto, que perseverando em um McDojô você pode conseguir os benefícios do verdadeiro treinamento.

Antes de explorarmos o que constitui a validade de uma faixa preta, deixe-me contar algumas histórias de McDojô para você. Eu costumava dar seminários regulares e aulas particulares em uma escola, e o dono me pediu para estar presente em seu teste para a obstenção da faixa preta. (Antes de você começar a gritar: O que você tava fazendo em um McDojô? Lembre-se, ganho a vida ensinando artes marciais, então, se um instrutor quiser me levar para ensinar o que ele não consegue, por mim tudo bem, porque com isso ganho meu dinheiro, além de ajudar a melhorar uma escola.)

De qualquer maneira, concordei, mas, em vez de apenas sentar na mesa como um jumento pomposo (nada meu estilo), perguntei se eu poderia participar na parte de autodefesa do teste. Como os três alunos do teste me conheciam e tinham participado dos meus seminários, imaginei que eles se sentiriam confortáveis com isso. Meu objetivo era ajudá-los a ter uma experiência de teste da qual eles realmente se orgulhariam, além de apenas fazer seus katas.

Algumas semanas antes do teste, os alunos (dois homens de uns 40 anos e uma garota de 17 anos), seu instrutor e eu nos encontramos para falar sobre ele. O formato combinado era que eles primeiro demonstrariam as técnicas exigidas por seu instrutor de uma forma coreografada e controlada, e depois, comigo, cada um faria uma parte de "estilo livre", baseada na realidade, improvisada, comigo como agressor. Eu ficaria livre para fazer qualquer coisa que quisesse como ataque, e eles poderiam responder com qualquer defesa que conseguissem de maneira espontânea. Obviamente, eu não era muito fã da parte ensaiada, mas eles concordarem com a parte "ao vivo" comigo compensou tudo, a meu ver.

Bem, as coisas não saíram exatamente como achei. Sem meu conhecimento, em algum momento entre nossa reunião e o dia do teste, a definição de "estilo livre" mudou de ataques ao vivo com respostas espontâneas para a criação de uma rotina de ataques e respostas, em uma mistura de qualquer coisa que eles conhecessem, e eles apresentariam suas rotinas ensaiadas com um parceiro disposto.

Nem preciso dizer que fiquei puto! Meu primeiro impulso foi sair, pois não queria que minha presença desse credibilidade àquilo, mas, como eu conhecia aqueles alunos, minha intuição me dizia que isso era o que o instrutor queria, e não eles. Então, abordei cada um e perguntei se ainda queriam fazer a parte "ao vivo" comigo como haviam planejado. Sei que alguns podem pensar que esse foi um desrespeito para com os desejos do instrutor, mas também não só estava puto pelo instrutor tirar essa oportunidade deles, mas eu genuinamente me importava com esses alunos e não achava justo que não pudessem ter o teste que queriam, já que pagaram por isso.

A garota de 17 anos ficou feliz com a oportunidade, assim como um dos homens, mas o outro cara não só recusou, como também fez sua rotina ensaiada capenga com a garota de 17 anos, em vez de ir com o outro cara! Foram os momentos de artes marciais mais embaraçosos que já vi! Ver um cara de uns 40 anos movimentar-se ao redor de uma garota de 17, enquanto realizava sua rotina, era patético. Ele até se orgulhava daquilo – sorria, enquanto a multidão ignorante aplaudia cada movimento.

Depois de uma tentativa tímida do instrutor de mudar a opinião dos dois alunos, chegou a hora de os outros dois irem. A garota foi fenomenal! Toda a plateia viu a diferença entre o que ela fazia e o que o cara antes dela fez e enlouqueceu! Ela era mais durona do que o cara que perdeu a coragem, e a multidão sabia disso! O cara que fez o estilo livre comigo também foi impressionante. Eu avancei nele a todo vapor com uma gama de ataques improvisados. Revólveres, facas, bastões, estrangulamentos, arremessos, socos – ele reagiu a todos muito bem... Bem, exceto em um. Durante um ataque com um soco, ele pisou no lado errado e levou um soco na cara. A multidão pirou quando o lábio dele estourou e voou sangue para todo canto.

Embora todos lá achassem que esse foi um instante horrível, incluindo o cara que fazia o teste, achei que foi o melhor momento da avaliação e aproveitei a oportunidade para dizer isso. Foi um momento comovente, enquanto apenas ele e eu estávamos no meio do tatame com o público ao nosso redor em silêncio.

"Sei que você acha que este momento foi um fracasso", disse para ele e para o público, "mas não foi só um momento de sucesso, como foi o melhor também de hoje, porque foi o mais *real*! Nenhuma briga acontece sem lesões. Na verdade, quase todas as brigas começarão com você sendo machucado em um ataque furtivo. E o verdadeiro sucesso é conseguir não se abater quando isso acontece".

Ele pareceu aguçar os ouvidos enquanto eu falava, e o público passou da aversão à admiração.

"Você vai se lembrar desse instante e ver como ele foi vital para seu progresso", continuei. "Por quê? Porque, em vez de desmoronar, você se recuperou! Manteve o foco e o controle. Esse momento não só o torna merecedor de sua promoção, como também faz os outros duvidarem da deles".

Notei o outro cara abaixar a cabeça enquanto eu falava isso, mas tinha de ser dito. Precisava deixar claro para todos os presentes que, mesmo em um teste igual, havia uma vasta diferença de integridade e caráter e, por isso, faixas pretas completamente diferentes sendo concedidas.

Então, o que exatamente dá integridade a um programa e à faixa preta que ele concede? A quantidade de material no currículo importa? O domínio de todo o material ensinado em um currículo mínimo que termina ou o domínio de algum material em um currículo grande e infinito? Baseia-se apenas no nível de habilidade? Significa ser um lutador invencível que pode varrer o chão com qualquer um? Seria a execução perfeita enquanto demonstra uma técnica exata em uma rotina coreografada ensaiada? Ou seria a habilidade de modificar e improvisar a técnica sob circunstâncias realistas? Baseia-se completamente na técnica de uma pessoa quando comparada com de outra? Ou questões subjetivas de uma pessoa, como idade, peso, nível de condicionamento físico, deveriam servir de fatores para a avaliação de sua habilidade?

E não vamos esquecer seu coração ou espírito. Um praticante pode ser um atleta natural incrível para quem tudo vem bem fácil. Outro pode ter pouca ou nenhuma habilidade ou agilidade, mas demonstra ter o tipo de espírito com o qual ele consegue, por pura força de vontade, lutar com cada gota de sangue, suor e lágrimas por qualquer pedacinho de progresso físico, e mesmo assim no fim ser ofuscado pelo atleta natural. Quem deve dizer qual deles é o melhor?

Antes de responder, outra história!

Um velho amigo meu me ligou um dia, em parte para me questionar e em parte para reclamar sobre um praticante faixa roxa em jiu-jítsu que estava abrindo uma academia perto da sua escola de caratê.

Ele me perguntou: "Como ele pode abrir uma escola e dar aulas com *apenas* uma faixa roxa?"

Eu ri, enquanto explicava para ele que não só demorou mais para o cara conseguir uma faixa roxa do que para ele conseguir a faixa preta 25 anos antes, mas também, enquanto ele ainda ensinava o mesmo velho currículo antiquado e limitado de anos atrás, o jiu-jítsu era um treinamento infinito, que evolui sempre.

"Tá", meu amigo rebateu, "mas e o nível de habilidade dele?"

Eu ri mais alto enquanto salientava que a maior parte do treinamento do jiu-jítsu era ao vivo e contra oponentes resistentes, e que um faixa roxa em jiu-jítsu varreria o tatame com ele!

"Mas isso não faz dele um instrutor", ele refutou.

"Nem uma faixa preta", repliquei.

No fim, meu amigo estava tão apegado à sua ideia de faixa preta, que não conseguia (embora eu deva dizer, não iria) aceitar que o que você realmente pode fazer no tatame, além da cor da sua faixa, é a declaração máxima de habilidade. Reconhecer esse fato significaria que ele teria de aceitar a inferioridade de seu estilo e suas próprias falhas como artista marcial, enfraquecendo assim a validade de sua faixa preta.

Mas o outro ponto dessa história é que uma faixa roxa no jiu-jítsu é uma conquista enorme, pois menos de 15% dos iniciantes no jiu-jítsu a conseguem. E, embora um praticante com uma faixa roxa possa dar aulas com certeza, demora de oito a dez anos para conseguir uma faixa preta no jiu-jítsu, o que é, na minha experiência, no mínimo o dobro do tempo que demora para conseguir uma faixa preta na maioria dos outros estilos.

Agora, é claro que o tempo não significa nada se for gasto ou preenchido com um treinamento inútil; no entanto, como mencionei, com metade dele sendo luta real e a outra metade gasta em um currículo tão profundo que você nem chegaria perto de dominá-lo em uma vida, não é de se espantar que menos de 1% dos alunos que começam no jiu-jítsu alcancem esse nível prestigioso.

Não existem respostas fáceis sobre aquilo que dá autoridade aos critérios para definir a faixa preta e, no final das contas, há um pouquinho de cada uma das questões mencionadas anteriormente como fatores para decidir esse assunto, bem como quem merece receber uma. Eu teria de dizer que a definição de uma faixa preta sempre será extremamente diferente de um dojô para outro e, em vez de focar nisso, devemos focar no seu dono e em sua integridade no que diz respeito a essa questão. Ou seja, a pessoa que a usa deve entender as vastas diferenças que podem ser encontradas entre diferentes faixas pretas e agir de acordo com elas.

Se você for faixa preta em demonstrar katas ou cinto preto nos movimentos ginásticos do wushu, orgulhe-se disso. Mas perceba o que é e o que não é, e apresente a si mesmo e seu estilo dessa forma. Admita o que você pode e o que não pode fazer, e não represente de modo errado o que seu estilo pode ou não realizar.

Se você não treina suas técnicas ao vivo e nunca esteve em uma situação da vida real, então não diga que sabe o que funcionaria num momento desses. Se você compete por pontos de *sparring* em brincadeiras de luta, não diga que é um lutador. Se faz tai chi, fale de seus benefícios à saúde e aspectos meditativos, mas não fale de autodefesa. Se você pratica um kata tradicional e o currículo de armas antigas, exponha com orgulho as tradições culturais e históricas que carrega, mas não tente justificar como isso cabe no mundo moderno da luta. Faça o que você fala! Só faça no tatame o que você diz que pode fazer, caso contrário, essa sua faixa preta será apenas algo para segurar a calça do seu quimono.

No final das contas, um faixa preta nada mais é do que um faixa branca que nunca desiste, e a promoção de grau mais importante é do nada para a faixa branca, pois significa que você começou algo que a maioria dos alunos quer, mas nunca vai conseguir! Como o famoso professor budista Suzuki disse uma vez: "Sempre mantenha sua mente de principiante. Na mente do principiante há possibilidades infinitas; na mente do especialista, há poucas".

Se a faixa preta é o objetivo final do artista marcial, então a "faixa preta" dos budistas seria o grau prestigioso da iluminação. Essa questão causa o mesmo fervor até entre os praticantes mais iluminados do que a faixa preta causa nas artes marciais.

O que é iluminação? Primeiro, como acontece com os estilos diferentes de artes marciais, se as várias tradições budistas não concordam em como acontece e como chamá-la, o que dirá descrevê-la! Alguns dizem que é um processo gradual, enquanto outros falam que é repentino. Alguns chamam a experiência de "iluminação" e a descrevem como sentir diretamente o vazio, enquanto outros a chamam de "nirvana" e a descrevem como sentir o fim do sofrimento. De um modo confuso, o Sutra Coração usa as duas palavras. Começa dizendo, "vendo claramente o vazio de todas as cinco condições, nós alimentamos completamente o infortúnio e a dor", depois termina com, "distante de todos os pensamentos ilusórios, *isto* é nirvana".

Agora, adicione a isso todas as outras dicas bonitas que os ensinamentos budistas e os professores dão sobre a iluminação. Elas incluem: "Ser apegado às coisas é ilusão, encontrar o absoluto ainda não é iluminação" ou "A verdadeira iluminação está além da ilusão e da iluminação", ou a sempre frustrante: "Se você acha que está, você não está!" Então, depois de nos dizer para encontrar a iluminação, eles nos atingem com: "Apenas sentar em meditação é iluminação, pois você já está iluminado... só precisa descobrir isso!" E, para complicar ainda mais, dizem que nós fazemos tudo errado, pois buscamos equivocadamente esse estado alterado chamado iluminação, enquanto a iluminação é apenas o que é quando não estamos em outro estado alterado.

Mas, espere, que fica melhor. Depois de nos confundir, eles nos dizem: "A iluminação é inatingível"; nós devemos nos comprometer em atingi-la! E então, depois de falar isso, sabemos que o caminho do Buda é estudar o "eu", mas estudar o "eu" é *esquecer* o "eu" e esquecer o "eu" é iluminação!

Na minha experiência, tudo o que foi dito anteriormente está certo! Estou dizendo que sou iluminado? Não posso, porque se fizer isso, não sou! Mas, sério, o que posso afirmar é que tive o que chamo de momentos iluminados e, à medida que progredi na minha prática, consegui amarrar cada vez mais esses momentos com mais frequência e por mais tempo.

Um exemplo, que costumo usar tanto nas artes marciais como no Budismo, é comparar o treino e a prática com caminhar por uma névoa. Você mal a sente quando passa por ela, mas depois de um tempo percebe que está todo molhado! Em grande parte dos nossos treino e prática, não percebemos como somos afetados, achando que não estamos chegando lá, então, de repente, somos surpreendidos em um momento aleatório pelo quanto *estamos* chegando a ele! (Ou ele chega a nós?) Esses tipos de instantes aleatórios são nossos primeiros vislumbres de iluminação, mas, antes de seguirmos nesse debate, acho importante definir iluminação.

Como mencionei antes, muitos alunos a interpretam mal como um estado espiritual alterado. Primeiro, que fique registrado que odeio a palavra "espiritual", pois estimula essa ideia de que há uma experiência diferente do agora, como se houvesse algum tipo de fuga do que estamos vivendo que nos instiga a encontrá-la e usá-la. Mas é apenas essa busca que manda os praticantes em uma caçada por suas próprias imaginações, e quanto mais eles perseguem essa ideia, mais distante ficam da verdade, e mais difícil fica para encontrar o caminho de volta para ela.

Isso significa que não há nenhum momento na prática meditativa em que sentimos estados de calma, alegria, equanimidade ou felicidade? Claro que não. Mas os ensinamentos nos dizem que eles não passam de momentos temporários que não durarão, e que nós não deveríamos tentar ficar lá ou persegui-los.

Então, se a iluminação não é um estado alterado, o que é? Primeiro, precisamos entender que o termo iluminação é uma tradução. No ensinamento de Buda, a palavra usada é "despertar", que também é definida como "ver com clareza" ou "compreender".

Então, com isso em mente, defino a iluminação como um processo de ver com clareza a gênese condicionada e a interligação da experiência condicionada, de ter uma aceitação incondicional do presente que seja livre do apego a nossas ideias fixas condicionadas e ao nosso comportamento prejudicial, impulsivo e reativo. Não é ser apegado a, e viver por, um constructo do eu; estar presente no momento sem adições, nem buscar ou evitar nada. Envolve usar a sabedoria intrínseca que passamos a entender por meio dessas experiências e transformá-las em ações habilidosas. Em suma, em vez de a iluminação ser algo que encontramos, ela é algo que *fazemos*. E é muito importante notar que, assim como uma lótus brotando da lama, momentos iluminados costumam ser encontrados surgindo das situações de maior desilusão.

Os ensinamentos nos contam sobre as quatro mentalidades que o Budismo identifica como aquelas que melhor refletem uma mentalidade iluminada, levando a ações iluminadas. São elas:

- Bondade amorosa.

- Compaixão.

- Alegria Empática.

- Equanimidade.

Como as palavras não conseguem descrever a experiência iluminada, descobri que investigar e manter uma consciência dessas quatro mentalidades e das ações associadas a elas ajudam muito a compreender a experiência de iluminação. Mas, lembre-se, sempre seja claro quanto à intenção por trás delas. Todos esses quatro estados têm o chamado inimigo próximo, que pode parecer como um dos quatro estados mentais iluminados, mas, por causa da intenção insalubre por trás deles, não são.

Nós vemos uma experiência semelhante nas artes marciais. Como já mencionei, o *modus operandi* típico em um McDojô é explorar o desejo do aluno em atingir seus objetivos, recompensando-o facilmente, baseando-se na fabricação. Isso é feito com os seguintes meios: dar aos alunos posições na hierarquia com base em sua subserviência (e pagamentos em dia); a concessão ridiculamente frequente de listras em suas faixas entre os graus; ter um número insano de graus diferentes, com uma promoção muito rápida de um para o outro (de novo, de acordo com a habilidade de fazer pagamentos); forçar alunos de graus mais baixos a serem subservientes àqueles de grau mais elevado; exigir respeito imerecido; e não só conceder a faixa preta em um período curtíssimo de tempo, como também com uma quantidade trivial de um material quase inútil.

Nesse tipo de programa, nós encontramos pessoas que acham que atingiram seus objetivos de aumentar sua autoestima e ganhar mais confiança, mas lamentavelmente estão apenas confundindo sua experiência desse novo "orgulho" com seu inimigo próximo, a arrogância. Então, com isso em mente, vejamos os quatro inimigos próximos do Budismo:

- Apego.

- Piedade.

- Divertimento Egoísta.

- Indiferença.

Os inimigos próximos estão todos arraigados na dependência e na aversão, em buscar e evitar, formando a base para o sofrimento. O que dificulta tanto sua identificação é que eles são experiências quase idênticas às da mentalidade iluminada, e, ainda que estejam no meio delas, a experiência aparentemente saudável inibe nossa capacidade de ver com clareza a intenção prejudicial por trás. Como as experiências são tão semelhantes, nós precisamos examinar as distinções entre elas para saber como reconhecer as diferenças.

A bondade amorosa é definida por uma *doação* altruísta e incondicional, ao passo que o apego, que pode parecer amor, é definido por uma *conquista* e está arraigado no nosso desejo egoísta, dependendo de nossas condições serem atendidas.

A compaixão é a habilidade de entender o sofrimento do outro como o nosso e vê-lo como *nosso* problema, ao passo que a piedade se origina na desconexão, em ver o sofrimento do outro apenas como problema *dele* e ser motivado a ajudar apenas por uma satisfação pessoal em fazer isso.

A alegria empática é definida por estar feliz com a felicidade do outro, ao passo que o divertimento egoísta é nos apegarmos à felicidade do outro para nossa própria gratificação.

A equanimidade é caracterizada por conseguir equilibrar-se intrepidamente entre os extremos de qualquer situação, não importa qual seja. Nós podemos estar com ela, nos importarmos profundamente, mas ter uma consciência sem apego de como as coisas são, que seja livre de busca ou fuga, ao passo que a indiferença é um estado de afastamento receoso de como as coisas são e um sentimento de não se importar, que é confundido com equilíbrio, mas é na verdade um estado de aversão.

Certa vez, em uma sessão particular com Noah, eu estava falando (ou provavelmente me gabando) de como encontrei equanimidade em uma situação específica, e ele riu: "Acho que você simplesmente não dá a mínima!" Posso ter sentido que dava, mas ele podia ver que não, e sua advertência foi como um repentino soco na cara, mas me chamou à razão. Ela me fez parar e analisar melhor minha experiência, e foi então que percebi que ele estava certo! A equanimidade é *abandonar* a forma como queremos que as coisas sejam, ao passo que a indiferença é *prender-se* ao modo como queremos que elas sejam. Eu não dar a mínima era exatamente minha forma de fazer isso.

Dito isso tudo, assim como a faixa preta, a iluminação tem tantas definições diferentes quanto um praticante as vive, e talvez haja um pouco de verdade em cada uma. Então, assim como deveríamos olhar para o dono da faixa preta individual e como ele a representa, mais importante do que aquilo que as pessoas *dizem* sobre a iluminação é como elas a *fazem*. Portanto, se formos sortudos o bastante para não sofrer, então somos sortudos o suficiente! Isso não é iluminação!

Então, agora, depois de tanto falar sobre como conquistar uma faixa preta ou encontrar a iluminação *não* são o fim do nosso treinamento e prática, apenas não me parece certo terminar o livro falando apenas isso. Na verdade, é difícil escrever um encerramento de um assunto que nunca termina de verdade, então o encerramento que sinto mais apropriado para o livro é falar sobre como o treinamento e a prática continuam e *como* nós continuamos a treinar e praticar.

Há um velho ditado nas artes marciais: "Cada lutador tem um plano para ganhar a luta até levar um soco no rosto!" E digo: "Cada budista é iluminado até ser atingido pela realidade!" E é isso mesmo, você não consegue ganhar uma luta até estar nela e ter de reagir, e não pode ser habilidoso até testar isso na realidade!

O fato é que o que nós *devemos* fazer sempre é *fracassar,* e nosso maior sucesso é ver com clareza esse fracasso. A única forma de melhorar no jiu-jítsu é perder, rolar sempre com pessoas melhores do que você, que possam expor suas vulnerabilidades e fraquezas. Muitas vezes, no treinamento de artes marciais, os praticantes param no meio da tentativa de aplicar uma técnica, pois sentem que deveriam recomeçar depois de ela não sair como o planejado. Mas esse é um enorme erro de treinamento, pois assim eles perdem a parte mais importante da lição, ou seja, o fracasso é a verdade mais relevante que cada um de nós pode enfrentar; mais importante do que saber *o que* fazer é ser capaz de fazer *algo*; quando o que você sabe não funciona, nós treinamos e praticamos não para ficarmos *bons* no que *achamos* que funcionará, mas para *cairmos na real* quando *não funcionar*.

Com esses sentimentos em mente, podemos entender que nossos treinamentos e práticas são um processo infinito e contínuo de cometer erros e consertá-los. Um mestre zen disse uma vez: "A vida é um erro contínuo" e outro falou: "Você é perfeito como é; só precisa de alguma melhora".

Posfácio: Não Acredite em Nada Disso!

O zen diz que palavras não conseguem explicar a "experiência zen" – que estudar ou praticar zen não envolve um pensamento sobre o que você sabe sobre isso, e que ficar preso em suas ideias sobre zen faz você ficar "cheio" do zen. Agora que estou digitando o último trecho deste livro, sei que se sou muito sortudo em vê-lo publicado, e ainda mais em ter um leitor, mas, quando ele chegar às mãos de alguém, não será nada além de palavras que mal conseguem explicar a "experiência Jeff".

Para minha surpresa, escrever este livro me ensinou muito sobre mim e o processo de prática, pois a própria escrita se tornou um tipo de prática. Quando comecei a escrever isto, eu era um investigador e um proprietário de uma escola de artes marciais, ocupadíssimo com o trabalho, com meu próprio treinamento em artes marciais e que frequentava sessões de meditações e palestras sobre darma. Se, e quando, eu escrevia, era por períodos bem curtos, que muitas vezes tinham longos momentos de inatividade entre eles. O frustrante era que, cada vez que voltava a escrever, depois de uma longa pausa, eu via que o que tinha escrito, embora gostasse pelo que dizia e pensasse que os outros poderiam achar útil, não era mais pertinente para minha prática. A pessoa que tinha escrito aquilo não mais existia! A opinião mudara. A prática que eu estava fazendo era diferente.

Quando eu colocava algo na página, queria que fosse autêntico, e, embora fosse naquele momento, nunca era por muito tempo, pois a verdade está sempre mudando, e nós estamos sempre evoluindo, e em vez de a verdade nos libertar, ficamos presos quando tentamos nos ater a ela. No lugar de aceitar isso, me via deletando tudo o que eu tinha escrito, ou reescrevendo para refletir meu lugar atual na prática. Mas não importa quantas vezes fiz isso, e fiz muitas, muitas e muitas vezes, pois, a partir do momento em que terminava de escrever algo, isso me parecia se tornar quase instantaneamente irrelevante!

Enfim, tive de aprender a escrever e não olhar para trás, e esse é meu conselho para você sobre como deve ler também. Espero que você ache que a leitura valeu a pena, mesmo que tenha odiado, e que ela tenha lhe mostrado exatamente como você *não* quer que seu treinamento ou prática sejam (o que acho que seria o resultado mais vantajoso), mas, agora que terminou de ler, não olhe para trás. Continue adiante e tenha uma nova experiência.

> Um mestre tinha apenas um sucessor. Ele chamou esse aluno em sua sala e disse: "Estou ficando velho, e você é meu escolhido para passar meu ensinamento adiante. Eu lhe apresento este livro. É valiosíssimo, pois foi passado de um mestre a outro por gerações, e todos eles, incluindo eu, adicionamos nossos próprios comentários a ele".
>
> "Se é um livro tão importante para você", disse o aluno, "deve ficar com ele. Recebi os ensinamentos sem ele, não preciso do livro". O mestre insistiu que o aluno o pegasse e o colocou em suas mãos, mas o aluno o jogou na hora no fogo perto deles!
>
> "O que você fez?", berrou o mestre.
>
> "O que você está dizendo?", o aluno gritou de volta.

A verdade e a nossa própria autenticidade não são encontradas em estagnação, mas na troca e na mudança das circunstâncias. Seja na prática budista ou de artes marciais, não devemos acreditar nela, mas duvidar dela. É essa dúvida que nos força a abandonar e seguir adiante. A crença fecha nossas mentes em um lugar, enquanto a dúvida as abre a um mundo de possibilidades.

Lembre-se sempre de que um mestre zen descreveu a vida como "um erro contínuo". A melhor forma de melhorar no jiu-jítsu é bater no chão, pois perder nos ajuda a ver o que você tem de trabalhar e melhorar. Na prática budista, o fracasso é o catalisador para a dúvida de que precisamos para nos motivarmos a melhorar a aplicação de nossa prática.

Então, agora que você terminou de ler isto, passe adiante, coloque em sua pilha de livros, esqueça dele ou o queime! Mas faça o que fizer, por favor, duvide de cada palavra dele, porque não há dúvidas de que realmente faço isso!

Observações:
o Estilo do Buda Guerreiro

Professores

- Nunca os siga cegamente. Seu professor precisa merecer seu respeito e lealdade.

- Às vezes, o melhor professor o ensina a reconhecer o que não fazer.

- O objetivo de ótimos professores é deixar seus alunos melhores do que eles mesmos.

Artes Marciais

- Identifique seus objetivos de treinamento.

- O treinamento escolhido deve atender aos seus objetivos.

- Teste conceitos sob circunstâncias reais para determinar se eles têm uma aplicação realista.

- Não treine para ficar bom; treine para a realidade.

- 99% do trabalho é só aparecer, ir! Vá para o tatame ou para a almofada, não importa o que aconteça – principalmente quando tiver menos vontade.

- Treine como se hoje fosse o único dia em que você precisará usar seu treinamento.

- Quanto demora para uma pessoa comum conquistar a faixa preta? A pessoa *comum não* conquista uma faixa preta.

- Um faixa preta é apenas um faixa branca que nunca desistiu.

Budismo

- Crie a disciplina de ser disciplinado.
- Pratique todo dia como se tudo que *pudesse* dar errado *fosse acontecer*.
- Toda situação é uma oportunidade de se transformar.
- A iluminação não é um estado alterado; é o despertar de um estado alterado.
- A realidade sempre é diferente do que achamos.
- Às vezes, a resposta é que você está fazendo a pergunta errada.
- Preste atenção em quando você não está atento.
- Não faça nada.
- Duvide de tudo.

Lista de Leituras Sugeridas

Embora eu tenha consultado e usado sutras budistas, koans, filosofia e histórias no texto como veículos para defender meu ponto de vista, baseio-me nas minhas compreensão e interpretação pessoais em relação a minhas experiências e prática. Eu apenas arranhei a superfície desses grandes ensinamentos. Para o leitor que desejar saber mais sobre esses assuntos, sugiro as seguintes leituras:

BATCHELOR, Stephen. *Buddhism Without Beliefs*. New York: Penguin, 1998.

_____. *Living with the Devil*: a Meditation on Good and Evil. New York: Penguin, 2005.

_____. *Confessions of a Buddhist Atheist*. New York: Spiegel & Grau, 2010.

_____. *The Faith to Doubt*: Glimpses of Buddhist Uncertainty. Berkeley: Counter Point Press, 2015.

_____. *Buddhism*: Rethinking the Dharma for a Secular Age. New Haven: Yale University Press, 2015.

BECK, Charlotte. *Every Day Zen*: Love and Work. San Francisco: HaperCollins, 1989.

_____. *Nothing Special*: Living Zen. San Francisco: HaperCollins, 1993.

BRUNNHOLZL , Karl. *The Heart Attack Sutra*: A New Commentary on the Heart Sutra. Boston: Snow Lion, 2012.

FORD, James; BLACKER, Melissa. *The Book of UM*: Essential Writings on Zen's Most Important Koan. Boston: Wisdom Publications, 2011.

GLASSMAN, Bernie; FIELDS, Rick. *Instructions to the Cook*: a Zen Master's Lessons in Living a Life that Matters. Boston: Shambhala Publications, 1996.

GYATSO, Kelsang. *The Bodhisattva Vow*: a Practical Guide for Helpping Others. New York: Tharpa Publications, 1991.

HARTMAN, Blanche. *Seeds for a Boundless Life*: Zen Teachings from the Heart. Boston: Shambhala Publications, 2015.

KAPLEAU, Philip. *The Three Pillars of Zen*: Teaching, Practice, and Enlightenment. New York: Anchor Books, 1965.

KORNFIELD, Jack. *Bringing Home the Dharma. Awakening Right Where You Are*. Boston: Shambhala Publications, 2011.

LEVINE, Noah. *Against the Stream*: a Buddhist Manual for Spiritual Revolutionaries. New York: HaperCollins, 2009.

_____. *The Heart of the Revolution*: the Buddha's Radical Teachings of Forgiveness, Compassion, and Kindness. New York: HaperCollins, 201.

LOORI, Daido John. *Cave of Tigers*: the Living Zen Practice of Dharma Combat. New York: Weatherhill, 2000.

NICHTERN, David. *Awakening from the Daydream*: Reimagining the Buddha's Wheel of Life. Boston: Wisdom Publications, 2016.

NICHTERN, Ethan. *One City*: a Declaration of Interdependence. Boston: Wisdow Publications, 2007.

_____. *The Road Home*: a Contemporany Exploration of the Buddhist Path. New York: North Point Press, 2015.

SOHO, Takuan; WILSON, William Scott. *The Unfettered Mind*: Writings of the Zen Master to the Sword Master. Tóquio: Kodansha International, 1986.

SUZUKI, Shunryu. *Zen Mind, Beginners Mind*: Informal Talks on Zen Meditation and Practice. New York: Weatherhill, 1970.

_____. *Always So*: Practicing the True Spirit of Zen. New York: HaperCollins, 2002.

WALLACE, B. Alan. *Tibetan Buddhism from the Ground UP*: a Practical Approach for Modern Life. Boston: Wisdom Publications, 1993.

WARNER, Brad. *Sit Down and Shut UP*: Punk Rock Commentaries on Buddha, God, Sex, Death, and Dogen's Treasury of the Right Dharma Eye. Navato: New World Library, 2007.

_____. *Don't be a Jerk*: and Other Practical Advice from Dogen, Japan's Greatest Zen Master. Navato: New World Library, 2016.

WICK, Shishin Gerry. *The Book of Equanimity*: Illuminating Classic Zen Koans. Boston: Wisdom Publications, 2005.

YAMAMOTO, Tsunetomo; TANAKA, Minoru; STONE, Justin F. *Bushido*: Way of the Samurai. New York: Square One Publishers, 2001.

Agradecimentos

Em primeiro lugar, preciso agradecer à minha esposa, Linda. Enquanto preciso desesperadamente da prática budista apenas para ser tolerável, ela é Buda sem nem tentar! Sua habilidade natural e fácil de ser gentil e solidária são traços a que todos nós, budistas trabalhadores, aspiramos, mas nunca conseguiremos, não importa o quanto tentemos! Sou grato por ela estar comigo há 23 anos e, finalmente, me ver começar a vencer algumas batalhas contra Mara!

Agradeço a toda minha família e amigos pelo apoio, bem como a todos os professores e colegas de treinamento que tive ao longo dos anos, tanto bons quanto maus! Vocês me ensinaram algo que fez parte deste livro!

Por fim, obrigado a Findhorn Press e meus editores, Sabine Weeke e Nicky Leach, por acreditarem no meu trabalho, pegar uma bagunça de manuscrito e transformá-lo em um livro apresentável!

Para mais informações sobre a Madras Editora,
sua história no mercado editorial
e seu catálogo de títulos publicados:

Entre e cadastre-se no site:

 www.madras.com.br

Para mensagens, parcerias, sugestões e dúvidas, mande-nos um e-mail:

 marketing@madras.com.br

SAIBA MAIS

Saiba mais sobre nossos lançamentos,
autores e eventos seguindo-nos no facebook e twitter:

 @madrased

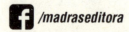 /madraseditora